平台企业主导型创业生态系统耦合形成及赋能机理研究

杨芳芳　著

中国财经出版传媒集团
中国财政经济出版社

图书在版编目（CIP）数据

平台企业主导型创业生态系统耦合形成及赋能机理研究／杨芳芳著．--北京：中国财政经济出版社，2023.7

ISBN 978-7-5223-2239-1

Ⅰ．①平…　Ⅱ．①杨…　Ⅲ．①企业孵化器-研究-中国　Ⅳ．①F279.244.4

中国国家版本馆CIP数据核字（2023）第096442号

责任编辑：李筱文　　　　责任校对：徐艳丽
封面设计：陈宇琰　　　　责任印制：党　辉

平台企业主导型创业生态系统耦合形成及赋能机理研究
PINGTAI QIYE ZHUDAOXING CHUANGYE SHENGTAI XITONG OUHE XINGCHENG JI FUNENG JILI YANJIU

中国财政经济出版社 出版
URL：http：//www.cfeph.cn
E-mail：cfeph@cfeph.cn

社址：北京市海淀区阜成路甲28号　邮政编码：100142
营销中心电话：010-88191522
天猫网店：中国财政经济出版社旗舰店
网址：https：//zgczjjcbs.tmall.com
北京中兴印刷有限公司印刷　各地新华书店经销
成品尺寸：170mm×240mm　16开　15印张　223 000字
2023年7月第1版　2023年7月北京第1次印刷
定价：62.00元
ISBN 978-7-5223-2239-1
（图书出现印装问题，本社负责调换，电话：010-88190548）
本社质量投诉电话：010-88190744
打击盗版举报热线：010-88191661　QQ：2242791300

本项目获得国家自然科学基金地区项目，基于耦合视角的平台企业主导型创业生态系统形成及赋能机理研究（72264006）资助

序

创业活动是经济发展的重要推动力，近年来备受国家重视，尤其在“双创”背景下，全民创业热情持续不减，而创业成功率与孵化器等创业孵化载体的孵化成功率却维持“双低”。据统计我国创业企业的存活率仅约5%，而孵化器和众创空间的孵化成功率更是少之又少。与此形成鲜明对比的是，由部分领先企业转型为平台企业主导构建的创业生态系统在孵化新企业方面成绩斐然。例如，2012—2017年，海尔集团的创业平台共计孵化200多家创业企业，成活率达46%，远超世界创业平均成活率3%。这一现象也引发理论研究与创业孵化实践的高度关注。但从当前国内外相关的研究看，平台企业主导型创业生态系统影响创业企业绩效的机理与实现路径尚不清晰，对平台生态内创业企业较高的绩效缺乏深入的理论评估。平台企业主导型创业生态系统是由平台企业、创业企业，以及各类创业资源提供者、用户等多主体构成的复杂网络，嵌入网络中的各主体间相互依赖、相互影响的耦合关系是“生态性”的本质体现，也是平台生态赋能战略实现的基础。因此，本书从主体间耦合的视角出发，将研究问题聚焦为：为什么创业企业加入平台企业主导型创业生态系统能有效提升其绩效；平台企业主导型创业生态系统是如何实现对创业企业赋能的？

本书将核心问题进一步分解为四个子问题：第一，平台企业主导型创业生态系统的结构、特征与功能是什么？推动平台企业主导型创业生态系统主体间耦合关系形成的关键耦合要素有哪些？第二，平台企业主导型创业生态系统内，创业企业与内层生态主体间的各维度耦合是如何影响创业企业绩效的？第三，创业企业与内层平台生态主体间的各维度耦合撬动社会资本形成的深层逻辑是什么？第四，平台正式治理如何影响耦合对社会资本及创业企业绩效的关系？

本书采用多案例研究方法，对典型的平台企业主导型创业生态系统进行调研，并基于探索性案例研究结果，构建了平台生态下，创业企业与内部生态主体间耦合、社会资本与创业企业绩效的概念模型，进而结合现有理论与研究提出相关假设。同时，本研究收集了206份平台企业主导型创业生态系统内创业企业的问卷数据，运用层次回归分析法验证了相关研究假设，并检验了社会资本在耦合与创业企业绩效之间发挥的中介效应，以及平台正式治理在耦合与社会资本关系间的调节效应。基于上述研究工作，本研究主要结论如下：

（1）主体间耦合是平台企业主导型创业生态系统的核心特征，主要体现在文化价值耦合、互补性资产耦合、物理系统耦合三个维度。三个维度的耦合推动生态参与者形成基于文化价值、资源共享，以及平台载体的相互依赖、相互影响的耦合关系，进而促进主体间“交流”“交换”“交互”的实现，提升生态系统的整体性能，实现价值共创。本研究基于耦合的视角剖析了平台企业主导型创业生态系统的特征及主体间相互作用的机制机理，将有关生态系统较为抽象的宏观研究具象到微观参与主体层面，丰富了生态系统研究的维度，可为后续研究提供借鉴。

（2）耦合对创业企业绩效有显著的正向影响，且社会资本在这一关系路径中发挥了部分中介的作用。研究结果显示，文化价值耦合、互补性资产耦合、物理系统耦合均对创业企业绩效有显著的正向影响；文化价值耦合、互补性资产耦合、物理系统耦合正向影响结构社会资本，文化价值耦合、互补性资产耦合正向影响关系社会资本；结构社会资本和关系社会资本有利于创业企业绩效的提升。因此，研究论证了“耦合—社会资本—创业企业绩效”的路径机理，深化了平台企业主导型创业生态系统为创业企业赋能的作用影响机制，填补了该领域研究的理论缺陷，也丰富了创业研究领域的内容。

（3）平台正式治理与耦合的交互作用有利于促进社会资本的形成与创业企业绩效的提升，即平台正式治理在“耦合—社会资本—创业企业绩效”关系中产生正向调节作用。耦合关系能推动生态参与主体成为利益共同体，而平台正式治理具有的制度效应及“信用背书”作用，既能有效防止因生态参与者的机会主义行为导致的“价值共毁”，也能为创业企业提供信用保障，提高创业利益相关者与创业企业交换资源的意愿，从而更有利于企业社会资本的形成与创业绩效的提升。因此，平台企业主导型创业生态系统应该注重对生态参与者的正式治理机制，构建良好的生态治理体系以推动生态持续健康发展。

作者

2023 年 5 月

目　录

第 1 章　绪论　/ 1

1.1　研究背景　/ 3

1.2　问题提出　/ 9

1.3　相关概念界定　/ 12

1.3.1　平台企业　/ 12

1.3.2　创业企业　/ 14

1.3.3　平台企业主导型创业生态系统　/ 14

1.3.4　耦合与耦合要素　/ 16

1.3.5　社会资本　/ 17

1.3.6　平台正式治理　/ 18

1.4　研究思路、内容设计与研究方法　/ 19

1.4.1　研究思路　/ 19

1.4.2　研究内容与技术路线　/ 20

1.4.3　研究方法　/ 22

1.5　主要创新点　/ 23

第 2 章　文献综述　/ 27

2.1　平台企业主导型创业生态系统研究综述　/ 29

2.1.1　创业生态系统研究综述　/ 29

2.1.2　平台生态系统研究综述　/ 32

2.1.3　平台企业主导型创业生态系统赋能机理研究　/ 35

2.1.4　研究述评　/ 36

2.2 耦合研究综述 / 38
2.2.1 耦合的研究视角及内容 / 38
2.2.2 耦合要素及测度研究 / 40
2.2.3 模块化组织的松散耦合研究 / 41
2.2.4 研究述评 / 42
2.3 社会资本研究综述 / 43
2.3.1 社会资本的维度划分及测量综述 / 43
2.3.2 社会资本形成与维持的影响因素 / 45
2.3.3 社会资本与企业绩效的关系研究 / 47
2.3.4 研究述评 / 51
2.4 创业绩效研究综述 / 51
2.4.1 创业绩效研究理论视角 / 52
2.4.2 创业绩效的影响因素研究 / 53
2.4.3 创业绩效的评价方法及测度指标 / 54
2.4.4 研究述评 / 55
2.5 一个整合的潜在分析框架 / 55
2.6 本章小结 / 57

第3章 探索性案例研究与整体研究框架 / 59
3.1 案例研究设计 / 61
3.1.1 研究方法 / 61
3.1.2 案例选择 / 62
3.1.3 数据收集 / 62
3.1.4 数据分析 / 63
3.2 案例平台企业主导型创业生态系统分析 / 64
3.2.1 小米生态链 / 64
3.2.2 美创平台 / 73
3.3 案例研究发现与整体研究框架 / 80
3.3.1 平台企业主导型创业生态系统的结构、特征与功能 / 80

3.3.2　耦合类型及价值共创实现机理　/ 92
3.3.3　主体间耦合影响创业绩效的作用机理　/ 97
3.4　本章小结　/ 105

第 4 章　理论模型与研究假设　/ 107
4.1　耦合与创业企业绩效关系　/ 109
4.1.1　文化价值耦合与创业企业绩效的关系　/ 110
4.1.2　互补性资产耦合与创业企业绩效的关系　/ 111
4.1.3　物理系统耦合与创业企业绩效的关系　/ 114
4.2　耦合与社会资本关系　/ 116
4.2.1　耦合激活社会资本的机理　/ 116
4.2.2　耦合与结构社会资本的关系　/ 119
4.2.3　耦合与关系社会资本的关系　/ 122
4.3　社会资本与创业企业绩效的关系　/ 125
4.3.1　结构社会资本与创业企业绩效的关系　/ 125
4.3.2　关系社会资本与创业企业绩效的关系　/ 127
4.4　平台正式治理的调节作用　/ 130
4.5　理论模型提出与研究假设汇总　/ 134
4.6　本章小结　/ 134

第 5 章　问卷设计与变量测量　/ 137
5.1　问卷设计　/ 139
5.2　变量测量　/ 140
5.2.1　被解释变量量表　/ 140
5.2.2　解释变量量表　/ 141
5.2.3　中介变量量表　/ 143
5.2.4　调节变量量表　/ 144
5.2.5　控制变量　/ 144
5.3　小样本测试　/ 145

5.3.1 小样本测试方法 / 145
5.3.2 小样本数据分析 / 146
5.4 本章小结 / 152

第6章 假设检验与结果讨论 / 153
6.1 数据收集与描述性统计 / 155
6.1.1 数据收集 / 155
6.1.2 描述性统计 / 156
6.2 变量信度与效度检验 / 157
6.2.1 耦合的信度与验证性因子分析 / 157
6.2.2 社会资本的信度与验证性因子分析 / 159
6.2.3 创业绩效的信度与验证性因子分析 / 161
6.2.4 平台正式治理的信度与验证性因子分析 / 162
6.2.5 整体区分效度与变量相关性分析 / 163
6.2.6 同源方法偏差检验 / 164
6.3 假设检验 / 164
6.3.1 耦合对创业企业绩效的作用检验 / 165
6.3.2 耦合对社会资本的作用检验 / 166
6.3.3 社会资本对创业企业绩效的作用检验 / 167
6.3.4 社会资本在耦合与创业企业绩效间的中介效应检验 / 168
6.3.5 平台正式治理的调节效应检验 / 170
6.4 结果与讨论 / 172
6.4.1 假设检验结果汇总 / 172
6.4.2 结果讨论 / 174
6.5 本章小结 / 178

第7章 研究结论与展望 / 179
7.1 研究结论 / 181

7.2 理论贡献 / 183
7.3 管理启示与建议 / 185
7.4 研究局限与未来展望 / 188

参考文献 / 190

附 录 / 219

第 1 章

绪　　论

1.1　研究背景

创业活动是科技和产业创新的重要动力。21世纪以来，创新创业被认为是组织在持续变化的环境中增强竞争优势的关键（Berry，2018）。2014年，时任总理李克强提出的“大众创业，万众创新”（以下简称“双创”）激发了大众创业的热情，“双创”浪潮不断涌现，我国已进入创业高峰期。在国家和各地区不断出台的相关创业政策支持下，孵化器等创业孵化载体大量出现，但是“不打粮食”——创业和二次创业成功率极低，“创业难”和“孵化难”成为我国创业活动实践的一大困局。因此，在我国创业热情持续高涨的背景下，如何提高创业成功率成为当前迫切需要解决的难题，而小米科技、海尔集团等平台企业打造的创业生态系统以其在创业孵化方面的卓越表现受到创业实践领域与理论界的高度关注，平台企业主导型创业生态系统的成功为我国解决创业难题提供了重要的解题思路。

（1）我国创业活动大力开展，创业失败率却居高不下

近年来，我国在推动创新创业方面采取了诸多举措，大众创业热情持续高涨，并取得一定成果。2018年，我国全年新注册企业增长率达24.5%，平均每天新增企业1.5万家。同时，为提高创业成功率，国家和各地区大力支持创业孵化载体的创建，各种类型的孵化器，如车库咖啡、创新工场、创客空间、天使汇、联想之家等如雨后春笋般在各地涌现，我国当前的孵化器数量与在孵企业规模均跃居世界第一。科技部火炬中心数据显示，截至2019年年底，我国共拥有多达132 026家创业孵化机构，其中包括5 206家科技企业孵化器，8 000余家众创空间（同比增长15%）。然而，在创业活动大力开展、“双创”遍地开花的“表面繁荣”下，隐藏着我国创业企业成功率低、新创企业存活率也低的事实。叶竹馨和买忆媛等（2018）指出，我国创业企业的存活率仅约5%，在3年内倒闭的创业企业占比高达60%—70%。另外，对于孵化器和众创空间的孵化成功率，

有说5%以下的，有说3%以下的，甚至有说1%都不到的，总之，“九死一生”都没有①。虽然各类型孵化载体的兴起为创业孵化提供了有形的物质载体，但绝大部分孵化器的创新创业整体服务能力和水平与当前活跃的科技创新创业活动水平之间存在着巨大落差，伴随出现的是孵化器盈利模式单一、服务缺乏专业性、增值服务能力不足、过度依赖政府补贴、不具有内生可持续发展能力等问题（张宝建，2019；唐明凤和李翠文等，2015）。由于缺乏产业链资源支撑或未能有效调用资源，我国90%的众创空间和孵化器只是充当“二房东”的角色，靠收房租维持收益，仅能提供物业与简单的创新创业服务，难以满足创业者需求。

（2）平台企业主导型创业生态系统成为创业孵化的新主力

在“创业难”与“孵化难”困局难解的同时，由小米、海尔、韩都衣舍等企业主导搭建的创业孵化平台在创业孵化领域却取得了卓越的成绩。例如，由小米科技组建的IoT生态链创业平台，在4年内成功孵化89家企业，创业成绩显著。2016年与2017年，国家级科技企业孵化器中收入达5 000万元的企业占总孵化企业的比例仅有1.71%和1.64%，而小米生态链创业平台内收入达1亿元的企业占比高达16.36%和24.6%，其孵化产出成效远高于国家科技企业孵化器（周文辉和陈凌子等，2019）。2012—2017年，海尔集团的创业孵化系统共计孵化了200多家创业企业，成活率高达46%，远远超过仅为3%的世界创业平均成活率（周文辉和李兵等，2018）。据统计，普通创客空间内能获得首轮融资的孵化项目占比仅约10%，而在海尔创业平台上，其内部孵化的项目中获得首轮融资的比例高达48%，外部引进项目的孵化成功率也达到30%（王凤彬和王骁鹏等，2019）。2016年，韩都衣舍成立“智汇蓝海互联网品牌孵化基地”，截至2019年7月，其孵化项目累计超过200个，正在孵化项目100余个，在孵项目总计近50亿元（丁威旭和李白露，2019）。

当前，平台战略正在展开一场席卷全球的商业模式革命（陈威如和余卓轩，2013），据中国通信院的研究数据显示，在10家全球市值最高的互

① 资料来源：小米生态谷仓学院院长洪华博士专访资料。

联网企业中，有7家属于平台企业，而我国拥有市值超100亿元的超大型互联网平台企业20家。在互联网数字技术的驱动下，平台作为跨域、跨界发展的新兴经济业态，对传统行业与经济社会整体都产生了深远的、颠覆性的影响（刘家明和耿长娟，2020），平台经济时代正式到来。平台企业主导型创业生态系统是战略企业为了应对快速变化的市场环境，同时考虑到自身规模的有限性及业务边界限制，而采取的一种通过搭建平台的方式转化为动态创业孵化器（Audretsch 和 Kuratko，2013），吸引互补企业加入共建生态系统，以实现互生、共生、共赢的战略化转型策略。其中，平台企业与创业企业间高度的资源优势互补与战略目标兼容是平台企业主导型创业生态系统构建的原始动力。从平台企业的角度看，在物联网时代背景下，单一产品和服务不足以支撑企业的持续发展，大企业必须构建自身的产品生态体系，通过跨界创业摆脱“大企业病”。然而，因大企业组织结构与管理系统的复杂性，导致其内部创业成功率低，因此创业企业由“大企业病”转为“创业多动症”（李宇和马征远，2020）。通过搭建平台，吸引拥有核心技术的、小而精干的创业企业以模块化结构方式共建生态系统，共同面对市场竞争，已成为大企业避免陷入另一种困境的新型组织模式（陆健和蒲垚敏等，2020）。从创业企业的视角看，Stinchcombe（1965）指出，与成熟企业相比，创业企业面临着高度不确定环境中存在的各种新进入缺陷，如经验与创业资源匮乏、合法性不足等，“资源约束”是导致创业企业难以生存的重要原因（祝振铎和李非，2017）。加入平台企业主导型创业生态系统，依托平台企业丰富的品牌、用户、渠道、供应链等“冗余资源”，能够为创业企业提供技术成功商业化必需的互补性资产，帮助其克服“资源困境”，实现“用烤红薯的余热把周边产品烤熟”，进而助推创业企业绩效提升。

由此可知，在平台企业主导型创业生态系统内，基于高度的资源优势互补与战略目标兼容，能推动主体间形成相互依赖、相互影响、共生共存的耦合关系，使平台生态产生基于市场导向的“自然生态”模式，而非传统孵化器中基于政府导向的“人工生态”模式。这为探索导致传统孵化载体与新型平台企业主导型创业生态系统孵化绩效差异的原因提供了思路，有利于解决我国当前面临的创业困局。

（3）主体间有效耦合是创业生态系统成功的关键要素

因“新生弱性”和“小而弱性”导致的资源约束与合法性不足是新创企业的重要特征，因此，能否通过创造性资源利用来突破约束是决定创业企业成败的核心任务（韩莹，2020）。创业孵化载体存在的初衷是为创业企业提供资源供给，以解决其“资源约束”困境，然而，从当前我国创业实践中的失败经验来看，传统孵化载体由于缺乏“系统有效性”而无法充分调动系统内资源是其孵化成功率低的根本原因。目前，我国孵化器和众创空间提供的资源对创业成功的收效甚微（周文辉和陈凌子等，2019），部分学者认为其孵化失败是多种因素缺乏协同的结果，导致合作组织间难以形成有机的分工与协作关系（张宝建和段思垚等，2020）。例如，张宝建（2019）指出，传统创业孵化载体仅实现了创新创业主体在物理空间的集聚，未能推动主体间相互依赖、共生共演的耦合关系形成，呈现出明显的“高空间集聚、低内容耦合”的怪相。在此情况下，主体间形成类似“同床异梦”的现象，因系统整体有效性较低而不能促进孵化器内创业相关主体间的有效资源整合与高效互动，对创业成功的推动力不足，反而会耗费所投入的宝贵创新资源要素（梁海山和王海军，2018）。小米谷仓学院创始人洪华博士也认为，当前创业成功率低的原因，在于创业团队缺乏“系统有效性”（郑刚和胡珊，2019）。与此形成鲜明对比的是，平台企业主导型创业生态系统的成功秘诀在于其并非简单的渠道平台或者纯粹的中介服务提供者，它更像旋涡一样，拥有着强大的吸引力，能将多边市场间从未被挖掘的功能开启，从而造就一个完善且具有强大潜能的“平台生态圈”（李雷和赵先德等，2016）。正如海尔集团提出的“星际生态”理念，其认为平台企业应打造类似于太阳系的生态系统，以平台企业为太阳，各创业企业为行星，通过主体间的引力推动彼此自运行，而这里的引力，便是生态系统主体间耦合关系的体现。同样，在小米生态链的“竹林生态”理念中，也提出各生态主体间应如竹林一般根系相连相通，相互交织、彼此传输营养，并不断扩展生态边界，这也可视为生态主体间耦合关系的一种阐述。

另外，从生态系统理论研究的角度看，现有研究认为，无论是创业生态系统还是平台生态系统，其本质都是相互依赖的主体间以及主体与环境间形成的一组关系，其成功的关键在于形成多元主体［包括企业、用户及异质性资源提供者（大学/科研院所、风险投资机构、政府机构、创新媒介、研发与管理机构等）］协同的创新网络模式。例如，创业生态系统理论指出，异质性创新主体间的有机协同程度决定了创业能否顺利进行，将企业间简单的合作转为协同共生的耦合是创业生态系统存在的初衷（张佳，2017），只有系统内各主体相互影响、彼此协作，才能共同支撑起创业生态系统的有序运行。在系统动力学的相关研究中，有关耦合本质的阐述认为"系统各模块间不仅要互补、嵌合、互动，更要相互交织、相互制约，才能共同促进，进而形成更大效能和放大效应"（孙耀吾和翟翌，2013），这与生态系统有效性的特征不谋而合。因此可推断，耦合关系是系统"生态性"的本质体现，也是创业生态系统有效运行的关键机制，能否实现有效耦合是不同创业孵化载体绩效差异形成的重要原因。具体而言，从生态系统整体层面，耦合是系统整体有效性形成的关键要素，只有将各主体及主体与环境连接起来形成合力，打造一个共生耦合的创业生态系统，才能推动系统价值"涌现"，提升系统整体效能。从生态参与者层面，创业企业是重要的生态参与者，也是生态价值的承接者，其与生态主体间的耦合是其生态参与者身份的重要体现，也是能否获取生态赋能的关键性要素。

综上，从创业实践看，当前国家在支持创业方面出台了诸多政策与扶持措施，依然难以解决创业与孵化中的"两难"问题，其根本原因是这些举措未能有效调动主体间耦合关系的形成，进而使创业孵化系统缺少推动主体间协作与资源整合的内生动力；而平台企业主导型创业生态系统内，主体间基于高度的优势资源互补与战略目标兼容，更容易推动主体间耦合关系的形成，成为其取得成功的重要因素。从生态系统理论研究看，耦合性是系统"生态性"的本质体现，创新创业主体间基于能力匹配与功能互补形成的耦合关系是系统协同发展的核心（孙耀吾等，2013），也是生态参与者实现价值创造、获取生态赋能的重要机制。因此，以耦合为视角，探索平台企业主导型创业生态系统的形成与作用机理具有重要的现实与理论意义，是揭开创业生态系统赋能“黑箱”的关键。

（4）现有研究对平台企业主导型创业生态系统的赋能机理解释不足

创业管理属于多学科交叉的研究领域，学者基于不同学科视角形成了各具特色的理论流派。近年来，生态系统理论成为创新创业发展中的研究热点，平台企业主导型创业生态系统在创业孵化中取得的成绩也受到学术界的广泛关注，以小米（周文辉和陈凌子等，2019）、海尔（井润田和赵宇楠等，2016；王凤彬和王骁鹏等，2019）、韩都衣舍（丁威旭和李白露，2019；罗仲伟和李先军等，2017）等企业搭建的创业生态系统为典型案例，诸多学者对其运行机制进行了分析与解构，认为平台企业主导型创业生态系统能够解决创业的“痛点”，助力创业企业实现“反向孵化”（郑刚和胡珊，2019）。整合多元生态主体实现价值共创是平台生态系统的重要功能，现有研究进一步从主体间协同共生的关系、平台生态系统的商业模式、平台治理等方面阐述了价值共创实现的机理。例如，陈劲和黄海霞等（2017）提出，生态系统参与者间相互依赖和协同共生的关系能帮助价值共享与价值共创实现，进而促进系统整体发展。张丹和杨晨星等（2020）认为，平台企业通过基础架构共享资源，将资源供需方有效整合与联系起来，形成关系网络，实现供需精准匹配，进而有利于平台生态价值共创。钟琦和杨雪帆等（2020）指出，连接和整合资源供需方是平台生态的重要商业模式，这使得平台生态成为拥有丰富社会资本的高级形态的网络组织，嵌入平台生态网络获取社会资本是创业企业获得低成本资源甚至稀缺资源的重要途径（杨俊和张玉利，2008）。另外，Pierce（2009）的研究认为，商业生态系统是基于正式合同及相互依赖关系而建成的组织间的共同网络。其中，基于协议、合同、规则等形式的制度化正式治理机制是平台生态系统有效运行的重要机制（吕一博和韩少杰等，2017），其治理效果对平台生态的健康、持续运行具有重要作用，与此相关的研究也是目前学者关注的重点。然而，尽管学者从各方面对平台生态的价值共创机理进行了研究，但以单一构念或相互割裂的多构念研究为主，未能将多构念有效整合到一个研究框架内，无法探寻平台企业主导型创业生态系统的内部结构与运行机制，相关研究还有待完善。

综合以上分析可知，平台不仅能创造价值，而且能与其他行动者共享价值，使系统创造的价值大于各主体单独效益的总和（刘畅，2019），实现“1+1>2”的功能，因此，平台经济、平台生态等相关研究备受关注。然而，现有研究更多是规范性研究或基于单个案例的探索性研究，对于平台企业主导型创业生态系统内创业企业较高的绩效现象解释不足，尚未揭开平台企业主导型创业生态系统对创业企业赋能的“黑箱”（蔡莉和彭秀青等，2016），我国创业管理处于实践高于理论，理论难以指导实践的阶段，迫切需要填补理论空缺。

1.2 问题提出

综合上述研究背景可知，在“大众创业，万众创新”的热潮下，一方面，民众、企业、政府各层面的创业热情持续不减，各种创业支持政策纷纷出台，创业企业与创业孵化载体亦如雨后春笋般不断涌现，但总体的创业失败率很高，各创业孵化载体在推动创业成功方面的作用甚微。另一方面，平台企业主导型创业生态系统却展示出充沛的发展活力，海尔集团、小米科技、韩都衣舍等企业以搭建平台的形式构建自身商业生态的同时，成功孵化了一大批创业企业，这为解决我国当前创业实践中面临的困局提供了可参考的思路。然而，现有研究关于平台企业主导型创业生态系统如何为创业企业赋能的解释度不足，难以指导创业实践。综合现有创业理论与实践经验，本研究认为，能否推动生态系统主体间耦合关系的形成，进而提升系统有效性是导致两种截然不同的生态系统绩效差异的关键原因，要想揭开平台企业主导型创业生态系统支撑创业企业赋能机理实现的“神秘面纱”，可以探索主体间耦合对生态系统效能的影响机理。进一步地，从微观主体角度来看，创业企业作为重要的生态主体，其能否获得生态系统赋能同样取决于其与生态参与者间的耦合程度。因此，本研究基于耦合的视角，探索平台企业主导型创业生态系统内主体间的耦合要素，以及耦合影响创业企业绩效的路径，试图打开平台企业主导型创业生态系统对创业企业赋能的作用“黑箱”，以填补该领域的研究空缺。基于此，本研究将研究问题聚焦为：为什么创业企业加入平台企业主导型创业生态系统能有效提升其绩效，平台企业主导型创业生态系统是如何实现对创业企业赋能的？具体而言，可以拆解为以下几个子研究问题：

第一，平台企业主导型创业生态系统有什么特征、结构与功能？推动平台企业主导型创业生态系统主体间耦合关系形成的关键耦合要素有哪些？在我国掀起的创业浪潮下，创业失败率高成为亟待解决的问题。尽管创业网络、创业生态在理论和实践层面不断推进，对创业企业绩效提升的作用仍然有限，但与此形成鲜明对比的是，平台企业主导型创业生态系统因其显著的创业孵化绩效而备受关注。我们进一步需要研究的是平台企业主导型创业生态系统相比其他创业孵化网络或创业生态系统的关键特征，平台企业主导型创业生态系统的活力。从生态系统研究的视角出发，主体间耦合是生态系统成功运作的关键，也是系统“生态性”的本质体现，那么，主体间哪些要素的相互作用、相互影响、高度关联将推动耦合关系形成与耦合度提升？这些问题的回答对于揭开平台企业主导型创业生态系统对创业企业赋能的特有机理非常重要，也是充分认识此类创业生态系统，揭开其“神秘面纱”的关键。

第二，创业企业与平台企业主导型创业生态系统主体间耦合如何影响创业企业绩效？强调主体之间以及主体与环境间相互依赖、彼此依存的关系是生态系统理论研究与管理实践的关键，耦合性是“生态性”的本质体现，也是生态参与者身份的重要象征。识别推动创业企业与核心生态主体间耦合关系形成的关键要素，并对各要素耦合影响创业企业绩效的作用机理进行探索，有利于为创业企业获取平台赋能提供实现途径，同时为平台企业选择入驻生态系统的创业企业提供依据，帮助平台企业合理布局其商业生态系统。另外，平台企业通过资源共享为创业企业赋能成为当前研究的共识，那么，平台企业主导型创业生态系统主体间各类耦合要素为何能推动资源共享，推动何种资源共享等问题的回答是打开其“黑箱”的重点。

第三，创业企业与平台企业主导型创业生态系统主体间耦合影响社会资本形成的深层逻辑是什么？创业本身可视为一种构建与调动社会资本的过程。一方面，相较成熟企业，创业企业因新生性负债与组织合法性缺失带来的经营风险与较高交易成本是导致创业失败率居高不下的两大重要原因（李娜娜和张宝建，2020），尤其是在我国人情关系文化浓厚的背景下，创业能否成功很大程度取决于能否与拥有相关创业资源的企业建立关系，获取社会资本。另一方面，平台企业主导型创业生态系统通过多边架构与网络效应，将多种创业相关利益主体纳入生态系统，使其成为一种高级形态的网络，通过嵌入网络建立与其他主体间的关系从而获取关系资源是创业成功的捷径。那么，创业企业与平台企业主导型创业生态系统主体间耦合如何激活创业企业的社会资本？创业企业的社会资本对其绩效提升的影响效果如何？社会资本是否在"耦合——创业企业绩效"的关系路径中起到中介作用？这些问题都是本研究要探讨的。

第四，平台正式治理对平台企业主导型创业生态系统的赋能路径是否存在调节作用？Pierce（2009）的研究认为，商业生态系统是组织间基于正式合同和相互依赖关系而共同拥有的网络，建立在合同、契约和制度基础上的平台正式治理，有利于减少组织间合作的机会主义行为，并通过协调跨组织资源以达到最优配置组合。尤其在平台生态的数字化与信息技术背景下，正式治理成效关系到各生态参与者合作关系的建立与维持（池毛毛和赵晶，2015）。同时，主体间耦合关系推动平台生态参与者间成为"一荣俱荣，一损俱损"的利益共同体，这导致任何生态参与者因短期利益采取的机会主义行为都有可能导致平台价值共毁。在此情况下，平台正式治理基于强制性的约束机制，既能有效避免生态参与者的机会主义行为，又能规范平台企业的赋能行为，是平台企业主导型创业生态系统区别于一般创业生态系统的重要特征。本研究主要探索平台企业主导型创业生态系统通过社会资本对创业企业赋能的路径，那么，平台正式治理行为对此类创业生态系统的赋能效果是否产生影响？平台正式治理能否强化生态主体间耦合与社会资本及创业企业绩效的关系？为此，研究试图将平台正式治理作为调节变量，探究其在"耦合—社会资本—创业企业绩效"关系中是否存在调节作用？

1.3 相关概念界定

1.3.1 平台企业

现有研究多将平台企业视作一种新兴的组织模式，与其有关的概念还包括“平台领导”“公司创业”“平台组织”等。Cihorra（1996）定义“平台组织”为一种组织形态，它有利于构建灵活的资源、惯例及结构组合，以应对新兴的商业机会与挑战。Eisenmann 和 Parker 等（2006）认为，“平台领导”是互动平台与规则的设置者，也是交易的第三方接入系统，主要通过促成双边或多边交易而获取利益。李雷和赵先德等（2016）将平台企业定义为：“连接两个或多个群体，在满足各群体需求的前提下，通过一系列机制不断激发网络效应，并从中获利的组织。”从平台实现功能看，产品开发平台、双边交易平台、战略创新平台是主要的平台类型（王节祥和蔡宁，2018），平台的架构者或发起者即可视为平台企业，其在平台生态中占据领导生态位（张镒和刘人怀，2020）。与此观点类似，宋立丰和刘莎莎等（2019）的研究中，将平台企业进行了分类：第一种是承担交易媒介功能，通过打破时间与空间对交易的局限来减少信息不对称，进而使交易成本降低的第三方平台，平台企业的主要功能是“界面”，如淘宝等；第二种是企业将其价值创造环节打开，以突破企业边界与外部交互的方式挖掘冗余价值，进而为价值共创提供“土壤”，如海尔集团。本研究所指的创业孵化型平台企业，具体研究对象属于第二种。

基于以上分析，可定义本研究的平台企业为：以自身的产业发展经验和资源积累为基础，基于战略发展需求，利用数字技术搭建网络平台，将终端用户、创业企业、创业资源提供方等多边连接起来，对创业企业进行赋能与孵化，以实现价值共创的平台组织者。多边架构和网络效应是平台组织结构的典型特征，依托平台企业丰富的产业资源及模块化结构模式，还能整合创业相关利益主体，实现价值共创。

第一，多边架构。通过搭建基于数字技术的网络平台，平台企业能将创业企业、创业资源提供方、终端用户有效连接，集聚各方资源，以支撑各主体之间的交易和创新活动（陆健和蒲晓敏等，2020）。如图 1－1 所示，本研究中的创业孵化型平台企业通过多边架构，一方面，将创业企业与价值链上游的供应商、创业服务机构等连接起来，帮助创业企业实现产品制造，推动创业企业成功运作；另一方面，将创业企业与价值链下游的用户连接起来，基于平台企业的营销渠道与售后服务系统等，推动产品营销，实现产品商业化。与传统产品交易平台不同，创业孵化型平台的功能不仅发生在价值链终端的交易环节，还包括价值链上游的研发、设计、制造等环节。

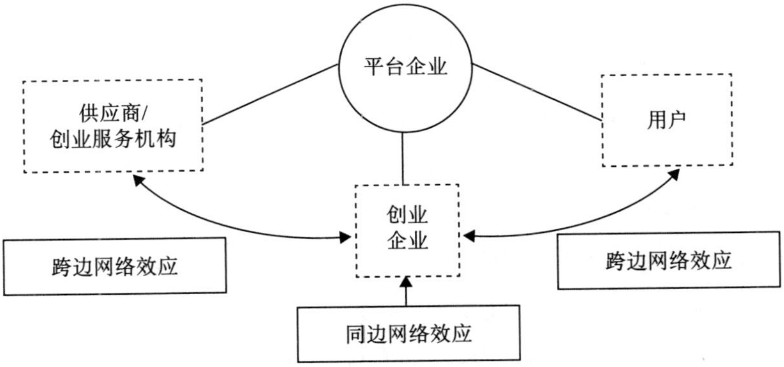

图 1－1　平台企业架构示意

第二，网络效应。平台企业连接的各边存在网络效应，其中，同边网络效应是指一边数量增加会导致同边数量的增加。例如，某平台企业的用户越多，对新用户的吸引力越大；跨边网络效应指一边数量增加会导致其他边数量的增加。例如，创业资源提供方越多，会吸引更多创业企业加入平台。网络效应的存在导致平台产生“强者更强、赢者通吃”的马太效应，因此，平台企业战略的本质是操控网络效应，利用网络效应形成的正反馈提高平台整体效能。

第三，价值共创。本研究关注的创业孵化型平台企业不仅是多方连接的桥梁，依托平台企业拥有的产业资源，其扮演了包括孵化器、供应链管理者、渠道商、投资商、品牌输出者等多重角色，通过释放资源助推创业企业提升成功率。此外，借助平台企业开发的互动场景，以孵化创业企业为主线，推动生态整体利益提升的同时促进各主体价值创造实现，有助于整体生态圈彼此赋能、价值共创、互联共享（郝金磊和尹萌，2018）。

1.3.2 创业企业

当前，学者从不同视角对创业企业进行定义：从创业企业的特征方面看，Miller（1983）提出，与竞争对手相比，创业企业是更倾向于进行产品或市场创新，愿意承担高度创业风险的企业，创新性、前瞻性和风险承担性是其主要特征；在此基础上，Mirros 和 Paul（1987）增加了机会认识、成长性驱动和领导者个人魅力三个特征，并定义创业为企业高层管理者对风险承担、创新的积极性偏好。王书卿（2007）则将创业企业界定为以创新业务为特征，以盈利和发展为目标，不断寻求机会的组织。从要素管理角度看，创业企业的资源有限，通常只能以简化运作模式和整合资源的方式进入缝隙市场，借以寻求推动新事业持续发展的突破点（段茹和李华晶，2019）。从企业生命周期看，根据成立年限来界定创业企业是国内外学者的通用做法，将成立时间 8 年以内的企业视为创业企业被诸多学者采纳（李新春和梁强等，2010；杜运周和张玉利等，2012）。

综合以上分析可知，创业企业通常具有风险高、规模小、成立时间短、成长快、市场新、创新强等特点（李扬，2012）。结合现有研究，本研究界定创业企业为创业活动的载体，是以市场机会识别、整合优势资源与超前行动为特征的开拓型中小企业，建立时间在 8 年及 8 年以下。

1.3.3 平台企业主导型创业生态系统

（1）创业生态系统的概念

创业生态系统是跨学科研究的结果，属于将生态学隐喻用于分析创业管理问题的理论。Spilling（1996）最早提出了创业系统的概念，将其定义为区域内的相关主体和由基础设置、公共结构及相互作用关系组成的外部环境，此概念主要界定了地区内部创业主体、功能和环境间的交互作用。Dunn（2005）最先勾画了创业生态系统的基本轮廓，但未进行明确定义（蔡莉等，2016）。Cohen（2006）从地理区域的视角，界定创业生态系统为特定地理区域内，各主体通过支持和促进新企业创建与成长来创造价值的过程。Isenberg（2011）提出了创业生态系统的六大支持要素，包括政策、市场、财务、文化、人力资本、创业服务支持，但并未将创业企业纳入创业生态系统。随着研究的深入和发展，近年来，将创业企业作为创业生态系统主要参与者的主张得到越来越多学者的认同。例如，林嵩（2011）将创业生态系统定义为“由初创企业及其赖以生存和发展的环境共同构成的，主体间彼此依存、相互影响、共同促进的动态平衡系统”。本研究参照蔡莉等（2016）以及 Theodoraki 和 Messeghem（2017）的研究结论，将创业生态系统界定为由创业企业、平台企业、用户、竞争者、创业资源提供者（供应商、大学和科研机构、政府、中介机构、投资机构等）及多种类型创业环境要素构成的，通过各参与主体的复杂交互作用来促进创业活动水平与成效提升的有机整体。

（2）平台企业主导型创业生态系统概念

现有研究并没有明确提出平台企业主导型创业生态系统的概念，根据其特征，本研究认为平台企业主导型创业生态系统是通过平台生态模式实现创业孵化目标的一种特殊形式的创业生态系统，搭建或发起平台的企业为该生态系统的主导者，平台是工具，生态是目标。因而平台企业主导型创业生态系统的概念提炼可结合平台企业、创业生态系统、平台生态系统的特征而来。

Adner 和 Kapoor（2010）将平台生态系统定义为“由平台企业及其互补企业构成的网络，平台企业基于基础架构提供价值，并对互补企业间的交互进行控制，而互补企业则通过生产互补产品使平台价值增强”。Jacobides 和 Cennamo 等（2018）认为，平台生态是一种组织形态，模块化架构是其结构基础，并通过非层级制方式来协调多边市场，进而推动各方共同进行专用性投资。石海瑞和孙国强等（2020）认为，平台生态系统“是一种平台型网络，通过平台领导者构建平台，众多互补企业生产互补产品，进而共同为终端用户提供整体解决方案，使顾客体验度得到提升”，该定义强调平台领导者和互补商之间存在的基于平台介质的协调行为与共同演化。在周文辉和陈凌子等（2019）的研究中，有机融合创业与平台的概念，将创业平台定义为以企业为主导，通过互联网平台实现多主体互动和资源整合的新型创业孵化组织。对应此定义，本研究中的平台企业主导型创业生态系统可被认为是大企业根据自身发展需求而建立的创业生态系统，其基于平台生态系统的运行机理实现企业的战略目标并对创业企业赋能，该系统兼具平台生态与创业生态的功能与特征，平台企业是生态的主导者。

综合以上分析，本研究基于蔡莉等（2016）、高钰莉（2016）及 Clarysse 和 Wright 等（2014）的定义，将平台企业主导型创业生态系统定义为：由占主导地位的平台企业围绕自身战略目标和价值主张，以自身优势资源为基础，联合各类创业相关主体搭建的基于平台的价值网络体系，旨在推动自身发展的同时促进创业成功。

1.3.4 耦合与耦合要素

物理学中的耦合是指两个或两个以上系统或运动形式通过相互作用而彼此影响的现象。美国学者 Weick（1976）率先将耦合理论应用到社会经济问题的研究中，并用松散耦合模型来解释彼此独立的组织成员之间相互联系的关系。之后耦合被引入管理学领域，用于分析不同事物、主体间的相互作用，如果两个主体间存在一种相互影响、相互作用的关系，就可将其称为“耦合关系”（张影，2019）。连远强和刘俊伏（2017）运用网络耦合性的概念来研究产业创新网络，他们提出网络耦合性是指网络中的企业为应对外部环境变化而选择与其他成员企业建立合作关系，并通过相互学习实现协同发展的过程。刘畅（2019）认为创新生态系统中的耦合是企业与各成员互相合作、相互学习、协同发展的过程，也是创新生态系统各主体及环境间和谐共生、协同优化、持续升级的体现。

由此可知，耦合性是生态系统的本质特征，也是生态系统整体效能评价的重要指标，系统整体效能的实现依赖于系统主体间的耦合关系形成，耦合的作用和协调程度是系统能否由无序向有序发展的决定因素（王萧萧，2018）。然而，主体间的耦合关系并非自然形成的，而是基于某种形式的联系而产生，这些联系要素可称为“耦合要素”。Orton 和 Weick（1990）指出“耦合要素是任何可能被联系在一起的内容，以及影响联系的要素”。因此，耦合要素可视为推动耦合关系形成的影响因素，是将主体间紧密联系起来的“黏合剂”，对耦合要素的研究有利于寻求耦合关系形成的原因，以进一步剖析平台企业主导型创业生态系统与其他创业孵化载体孵化绩效差异的根源。

基于以上分析，本研究将耦合定义为在平台企业主导型创业生态系统内，创业企业与平台企业，以及创业企业之间所形成的相互作用、彼此影响、共生演化的关系；耦合要素定义为导致耦合关系产生，将各主体联系在一起的内容要素。

1.3.5 社会资本

1977 年，法国社会学家 Bourdieu 最早界定社会资本的概念，认为“社会资本是个体拥有的、与关系网络密切相关的现实或潜在资源集合”（黄艳，2019）。之后诸多学者对社会资本的概念进行了深入研究，总结起来，目前的观点主要分为四个类别：

第一，资源派。持此类观点的学者强调社会资本的资源属性，他们认为社会资本不仅是网络和关系，更重要的是嵌入在网络和关系中可以利用的、能够帮助企业达到预期目的的资源。例如，Nahapiet 和 Ghoshal（1997）认为社会资本是嵌入网络中的实际和潜在资源的总和；周小虎和陈传明（2004）的研究认为，企业社会资本是“显在及潜在资源的集合，这类资源嵌于企业网络结构中，能被企业控制，且有利于企业目标的实现”。

第二，网络派。持此类观点的学者倾向于认为企业或个人所嵌入的网络是社会资本的核心。例如，Burt（1992）认为社会资本是能带来资源的网络结构；Greve 和 Salaff（2001）则认为社会资本是镶嵌在社会结构中，有助于提高企业吸收能力的各种联系网络。Leenders 和 Gabbay（1999）指出网络是获取社会资本的途径，社会资本形成具有网络依赖性。

第三，能力派。此类观点认为社会资本不仅包括静态的资源，还包括动态的能力。例如，Putnam（1995）认为，社会资本是一种能力，此能力来源于行为人在社会网络或其他社会结构中的地位价值，并有助于其获取利益；Portes（1998）认为，社会资本是网络中的个体获取资源的能力；张方华（2004）定义社会资本为企业利用其社会关系获取资源的能力，此种能力是基于企业经营管理与声誉水平而建立的。

第四，其他派。还有一些学者从其他角度对社会资本的定义进行鉴定，这类学者有的把社会资本看作价值观、规范、准则，有的看作商誉，也有的看作信念和期望。

总的来说，社会资本是一种社会关系，属于社会结构的“某些方面”，且有利于为“做成某事”带来资源（赵延东和罗家德，2005）。对处于平台企业主导型创业生态系统内的创业企业而言，其社会资本不仅来源于自身的社会关系，同时基于平台架构连接及平台企业的声誉和名望有利于建立社会网络，并从中获取优势资源。当前，基于平台生态情境对社会资本的研究较少，在界定创业企业社会资本的概念时，本研究主要借鉴孵化器内在孵企业社会资本相关研究（孙凯，2011；唐丽艳等，2014）的思路。

基于资源派理论，本研究将社会资本定义为：创业企业以信任与规范为基础，通过企业自身及借助平台企业主导型创业生态系统与外界创业资源提供方建立联系，以获得的实际和潜在资源总和。

1.3.6 平台正式治理

平台企业是生态系统的主导者与规则的设计者，天然扮演着生态治理者的角色（王节祥，2017），是规制平台生态的重要力量，其持续性干预是实现创业生态系统内协同机制的重要保障（孙聪和魏江，2019），平台生态系统的健康和稳定运行离不开适当的平台治理机制。学者从不同视角对平台治理机制进行了研究，如Tiwan和Konsynski等（2010）认为，监控机制、社区构建与自我参与是平台治理的三种机制；Ghazawneh等（2013）认为，平台治理是用来控制平台的一些规则，包括约束性规则与激励性规则。总的来说，平台治理的关键在于保证平台生态各参与者不会利用彼此间的信息不对称和不完全契约而谋求私利（张首魁和党兴华，2009），其核心是推动平台生态参与主体间的互动合作、解决冲突，进而形成价值网络。正式治理和关系治理是平台生态治理的两种常用机制（池毛毛和赵晶等，2017；Hoetker和Mellewigt，2009），其中，关系治理泛指基于主体间相互信任和社会认同等关系建立的非正式治理机制，是一种软性要素，通过组织间支持和信任来保障平台生态的整体利益实现。平台正式治理则是指平台企业以正式契约、规则的形式事先明确平台生态各参与者的责任、义务，并组织平台的日常商务活动。在平台企业主导型创业生态系统内，基于平台的数字化与信息技术背景，正式治理将直接关系到平台生态主体间合作关系的建立与维持（池毛毛和赵晶等，2015），是有利于约束生态参与者行为的强制性机制，也是平台企业主导型创业生态系统区别于其他生态系统的主要特征之一。

1.4 研究思路、内容设计与研究方法

1.4.1 研究思路

本研究基于我国当前“双创”环境下社会各界高涨的创业热情，进而衍生出的“双多”（即创业企业多、孵化载体多）积极表现，以及与之形成鲜明对比的创业难、孵化难的“两难”现实困境，指出创业实践与理论中存在的不足。进一步，结合海尔、小米等企业主导的创业生态系统在创

业孵化方面表现出的斐然成绩受到理论与实践界的关注，由此引出本研究的核心研究问题，即“为什么创业企业加入平台企业主导型创业生态系统能有效提升其绩效，平台企业主导型创业生态系统对创业企业赋能的实现机理与路径是怎样的?”本研究希望通过对此问题的探索，揭开平台企业主导型创业生态系统为创业企业赋能的“黑箱”，也为当前创业实践领域普遍存在的“两难”问题提供可供参考的解决对策。为了更好地探索此问题，本研究首先结合有关平台企业主导型创业生态系统的案例实践与理论文献，梳理其主要特征、结构与功能，进而指出较高的耦合性是平台企业主导型创业生态系统的重要特性，表现为主体间相互依赖、相互影响的一种“引力”，能够有效推动价值共创的实现。同时，结合案例分析，探索现实平台生态中推动主体间耦合关系形成的关键耦合要素。其次，本研究试图探索平台企业主导型创业生态系统内创业企业与主体间的耦合关系及各耦合要素影响创业企业绩效的机理与实现路径。再次，在我国市场环境与制度尚不完善的现实背景下，创业企业凭借自身力量较难获取创业所需资源，通过嵌入网络获取丰富的社会资本对创业成功具有较大的推动作用。因此，本研究立足中国情境，从结构与关系两个维度划分社会资本，探索社会资本在耦合与创业企业绩效关系间的中介作用。最后，平台企业是平台规则的制定者，有效的正式治理能作为规范生态参与者行为的强制性约束机制，本研究进一步探索平台正式治理机制如何影响创业企业社会资本的形成及创业绩效的提升，即关注平台正式治理的调节作用。

1.4.2 研究内容与技术路线

（1）主要研究内容

本研究主要包括七个章节，各章节的内容如下：

第1章绪论。基于当前我国在创业实践方面存在的“创业难”“孵化难”的问题，以及与之形成鲜明对比的平台企业主导型创业生态系统在创业企业孵化方面的良好成绩，引发对创业研究与实践的新思考，从而引出本研究的核心问题：为什么创业企业加入平台企业主导型创业生态系统能有效提升其绩效，平台企业主导型创业生态系统是如何对创业企业赋能的？在此问题的基础上，对相关概念进行梳理与鉴定，并阐述了本研究的主要研究思路、研究内容、研究方法，以及研究创新点。

第2章文献综述。梳理与回顾创业生态系统、平台生态系统、平台企业主导型创业生态系统、耦合、创业绩效等方面的相关文献，并进行简要述评，在此基础上形成由逻辑思路与理论基础组成的包含耦合、社会资本、创业绩效的整合框架。

第3章探索性案例研究。由于当前平台企业主导型创业生态系统对创业企业赋能的机理与路径尚不明确，本章采用案例研究法对两个典型的平台企业主导型创业生态系统进行研究，以揭示其主要特征、结构与功能，并基于案例间对比分析，探索耦合与社会资本、平台正式治理、创业企业绩效间的作用路径与机制，在此基础上提炼出本研究的初始研究命题。

第4章理论模型与研究假设。基于案例研究结果，结合现有文献对命题进行理论推导，细化与拓展相关命题变量之间的关系，并探索各变量间的关系机理，进而形成本研究的基本假设。

第5章问卷设计与变量测量。遵循问卷设计的基本原则，梳理与归纳国内外与研究变量相关的经典量表测度题项，充分借鉴成熟量表，并结合本研究对象的实际特征，在综合专家意见与企业访谈结果后，设计初始量表。同时，为了验证量表的信度和效度，本研究运用小样本测试的方法对问卷进行预测度，删除未通过信度和效度检验的题项，形成最终的问卷量表。

第6章假设检验与结果讨论。收集大样本调查数据，对数据进行描述性统计分析、信度检验与验证性因子分析。进一步，采用层次回归方法检验耦合、社会资本、创业企业绩效、平台正式治理的相关研究假设，并验证中介效应与调节效应。最后，对回归结果进行分析与讨论。

第7章研究结论与展望。梳理本研究的结论发现，从各视角指出研究带来的相应管理启示，分析研究存在的不足之处，并对后续研究提出展望。

（2）研究技术路线

本研究拟采用的技术路线如图1-2所示。

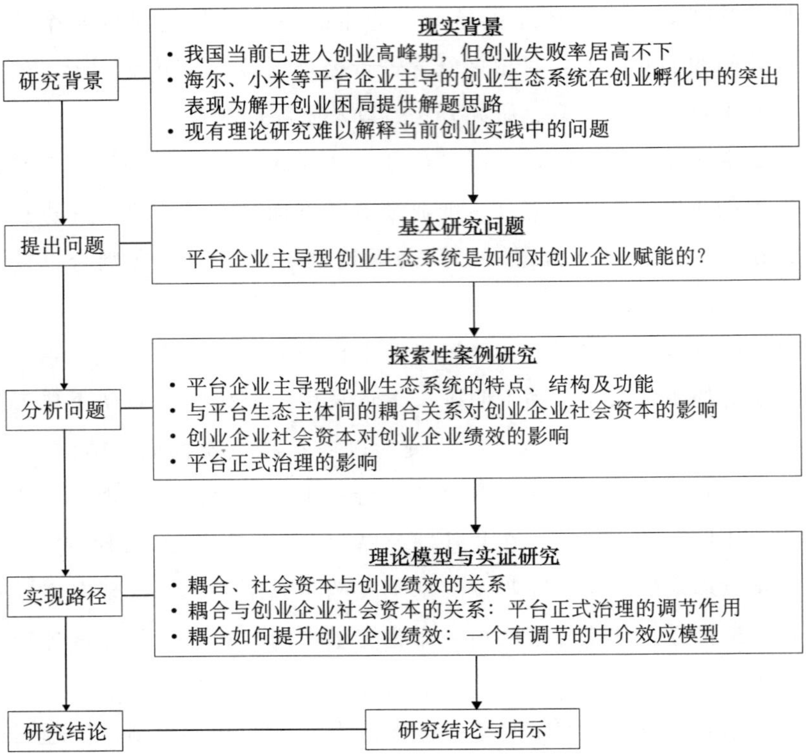

图 1-2　本研究技术路线

1.4.3　研究方法

对应上述研究思路，本研究在相关领域现有研究的基础上，综合运用了文献分析、案例研究、问卷调查和数据统计分析等相结合的研究方法。具体如下：

（1）文献研究与分析

针对本研究提出的核心问题，从国内外学术期刊上检索并学习与研究主题相关的论文，归纳整理当前有关创业生态系统、平台企业或平台生态、社会资本、创业绩效等领域的最新研究进展与尚存在的局限，在此基础上推导本研究的研究框架及基本研究假设。

（2）案例研究法

对于机理和实现路径尚不明确的研究问题，案例研究法在回答“是什么？”“如何实现？”“结果如何？”的问题方面具有明显优势，适用于探索复杂情境中的动态过程（Yin，2003）。本研究选取两家典型的平台企业为研究对象，通过对其主导的创业生态系统内创业企业进行调研，探索出可能的作用路径与机制，从而形成初步的研究命题与研究框架。

（3）问卷调查法

为了验证探索性案例及理论假设部分提出的概念模型与研究命题，本研究遵循科学的问卷设计原则，在借鉴已有研究中广泛使用的成熟量表的前提下，根据本研究对象的实际特点与特殊情境，多方咨询专家学者与企业管理者的意见后，设计调查问卷，并多渠道收集数据。

（4）数据统计分析法

对于筛选合格的有效数据，利用 AMOS 与 SPSS 软件进行信度分析、效度分析、描述性统计分析、层级回归分析等，以实现对概念模型及研究假设的计量统计分析与验证。

1.5 主要创新点

本书探索平台企业主导型创业生态系统对创业企业赋能的机理与路径，与现有研究相比，有以下创新之处：

一是本书关注平台企业主导型创业生态系统这一新兴的创业孵化情境，揭开其对创业企业赋能的“黑箱”。一方面，现有创业管理的研究较多关注孵化器、创客空间等传统孵化载体，而忽略了此类孵化载体在创业实践中的低效；另一方面，尽管创业生态系统和平台生态系统是当前研究和创新创业实践中关注的热点领域，但对平台企业主导型创业生态系统的关注度不足，现有研究无法解释这一新兴创业孵化组织类型产出高绩效的原因和路径，创业管理处于实践超越理论，理论无法指导实践的阶段。因此，以平台企业主导型创业生态系统为研究情境，对其主体结构、特征、赋能途径进行梳理，有利于弥补现有研究的不足。

二是本书从生态参与主体的角度揭示了平台企业主导型创业生态系统的运作机理，有利于丰富创新创业生态系统研究的维度。现有与平台生态系统或创业生态系统相关的研究，多从宏观层面探索生态的治理问题或商业模式，而以微观生态参与主体为对象的研究较为匮乏。关于平台生态系统的研究也大多以平台企业为主体，探索有利于生态系统良性运行的治理机制，少有研究关注作为平台参与者的创业企业。然而，创业企业是平台企业主导型创业生态系统的重要参与者，生态系统的健康运作离不开数量众多的、具有互补性的创业企业，嵌入平台生态的创业企业获取赋能是推动平台生态整体效能实现的个体保障。因此，本研究以创业企业作为研究对象，探索创业企业如何获得平台生态赋能，能够丰富创业生态系统与平台生态系统的研究维度。

三是本书基于耦合的视角，探索了平台企业主导型创业生态系统内主体间的互动关系对其绩效的影响效果及机理，拓展了现有对平台企业的理论及实践研究。生态系统研究强调主体间及主体与环境间相互依赖、相互影响、协同共生的耦合关系，耦合性是“生态性”的本质体现。本研究以此为突破口，认为生态参与主体间的有效耦合是推动系统整体效能提升的关键动力，并从创业企业的角度，探索推动其与平台企业及其他创业企业间耦合关系形成的耦合要素维度，并构建各耦合维度的测度量表，以探索微观层面组织间耦合对创业企业绩效的影响机制及效果。本书有助于将较为抽象的生态系统研究具象到参与主体间关系层面，为生态系统的研究提供一个新的视角，并为后续研究提供借鉴和思路。

四是本书构建了平台企业主导型创业生态系统内主体间耦合、社会资本、平台正式治理对创业企业绩效的关系模型，以揭示其对创业企业赋能的内在机理与实现路径。已有研究肯定了社会资本对创业成功的重要作用，认为创业活动的本质就是创业企业调用社会资本的过程，本研究将平台企业主导型创业生态系统内创业企业与内层生态参与主体间耦合和社会资本整合到一个理论框架，以明晰特定情境下撬动社会资本的机制，拓展了社会资本理论的情境边界。同时，基于契约与制度的正式治理是对关系治理的有效补充，有利于主体间关系的形成，本书进一步探寻了平台正式治理机制对生态参与者赋能路径的影响，丰富了平台治理的研究内容。

第 2 章

文献综述

2.1　平台企业主导型创业生态系统研究综述

2.1.1　创业生态系统研究综述

（1）创业生态系统的内涵与构成

创业生态系统的概念最初来源于 Moore（1993）提出的商业生态系统（Business Ecosystem）概念，他认为企业并非孤军奋战的单个经营实体，而必然是商业生态系统的参与者，因此，企业应与竞争者乃至整个商业生态系统共同演化，即通过合作和竞争不断开发新产品、满足顾客需求，以创造共同价值。之后，学者基于不同的研究视角，对商业生态系统主体间的协同机制（孙聪和魏江，2019；Garnsey 和 Leong，2008）、价值共创实现机理（王发明和朱美娟，2019）等进行了研究。

创业生态系统研究将参与价值共创的主体及其外部环境视为一个生态系统，其中，参与主体对应生态系统中的物种，而相同主体类型则构成生态系统的种群，如创业企业、平台企业、政府、大学和科研院所、服务机构等；创业生态主体所处的外部环境（包括政策环境、制度环境、文化环境等）对应自然生态系统的无机环境。将生态系统理论应用于创业研究，能够帮助我们探寻主体间及主体与环境间的交互行为，并最终实现系统整体共生共赢。

（2）创业生态系统的特征

与创业生态系统特征相关的现有研究主要从两个层面展开：从参与主体层面，创业生态系统主体具有多样性、共生性、竞争性特征；从系统整体层面，创业生态系统具有网络性、区域性、自我维持性等特征（宋姗姗，2018）。

第一，多样性。多样性指参与主体的多样性，表现为种群多样性与种群内部多样性。种群多样性指创业生态系统的参与者包括创业企业、平台企业、大企业、中介机构、投资机构、大学/科研院所、政府部门等，各类型参与主体基于资源整合与互补驱动创业生态系统发展。例如，大学/科研院所提供知识支持、政府提供政策支持、中介机构提供服务支持，投资机构提供资金支持等，它们共同促进整体创业绩效提升。种群内部多样性是指，即便同类型参与主体，由于资源、技术、能力等方面的差异，也会使其在创业生态系统中占据不同位置，进而导致差异化的结果（Zahra和 Nambisan，2011）。

第二，共生性。共生性是推动生态系统健康发展的重要动力，也是生态系统相比其他系统的关键特征之一。生态系统基于主体间共同创造价值的愿景而聚集在一起，根据资源依赖理论，创业生态系统中的各类主体需要不断从其他主体处获取资源，同时为其他主体提供对方所需资源，由此将推动各类主体间形成相互依赖、彼此促进、共同演化的关系。蔡莉（2016）的研究指出，专业化、互补性和共同逻辑是参与主体间共生必备的三个基础。

第三，竞争性。有关创新/创业生态系统的研究，通常强调主体间的协作与互补关系，而较少强调竞争与替代关系（Granstrand 和 Holgersson，2020）。然而，竞争和合作通常是共同存在的，尤其在同一种群内，由于各物种所需的资源是相同的，在资源获取的过程中，必然要与其他同类竞争。对创业企业而言，其必须在与同类型创业企业的竞争中取得胜利，才能获得成长和发展。

第四，网络性。创业生态系统可视为相互依赖、相互联系的多参与主体嵌入其中的网络，旨在通过共享资源、愿景和发展方向（Cohen，2006），以实现共同价值创造。同时，创业生态系统网络拥有良好的信息转移机制与高效的知识共享氛围，主体间能在网络中进行有价值的交互与资源共享（蔡莉和彭秀青等，2016）。

第五，区域性。由于创业过程受到复杂的经济、社会和制度环境影响，环境依赖性被认为是创业生态系统的特征之一。目前与创业生态系统相关的研究，大多是基于区域划分的，包括国家、城市、园区、孵化器等不同范围的创业生态系统。以硅谷的不可复制性为例，诸多学者探索了创业生态系统的区域性特征，认为硅谷之所以成功，关键在于其赖以生存的区域环境，体现在文化、制度、氛围等方面。然而，随着互联网的不断发展，创业生态系统的区域性特征被弱化，如海尔集团搭建的基于“人单合一”的创业生态系统，实现了将散落于全球各地的小微聚集以共同解决问题的目的。

第六，自维持性。自组织、自维持、自调节是生态系统的重要能力。内部主体与要素间的交互作用能提升创业生态系统的效能，当要素足够完善且彼此相辅相成时，能够实现系统的自维持性（Isenberg，2011）。

从以上特征分析可看出，无论是共生性、竞争性、网络性，还是自维持性，都强调了生态系统参与主体间相互依赖、彼此影响的耦合关系，由此可知，耦合性是“生态性”的本质。进一步地，可将创业生态系统的特点归纳为三个方面：参与主体类型的多样性；主体间及主体与环境间相互依赖、相互影响的耦合性；主体与环境间共生共存的自演化性。

（3）创业生态系统的类型

关于创业生态系统的类型，国内外学者主要从创业生态系统的层次及主导主体视角展开相关研究。创业生态系统层次视角的分析可分为微观、中观与宏观三个层面。其中，微观层面的创业生态系统研究侧重于高校或企业主导的创业生态系统；中观层面的创业生态系统研究侧重于产业或区域创业生态系统；宏观层面则是指国家创业生态系统或全球创业生态系统（项国鹏和曾传圣，2020），显然，本研究的对象目标属于微观层面创业生态系统的范畴。从创业生态系统主导主体视角看，企业和政府是最重要的两类主导主体。在蔡莉和彭秀青等（2016）的研究中，综合考虑企业网络集中度及政府参与程度的组合，进一步把创业生态系统分为四种：政府强参与、核心企业主导型；政府强参与、企业网络分散型；政府弱参与、核心企业主导型；政府弱参与、企业网络分散型。根据相关定义，本书研究的平台企业主导型创业生态系统属于政府弱参与、核心企业主导型。此类创业生态系统通常由市场驱动核心企业构建，以核心企业搭建的平台载体为基础，使主体间的高度交互关系被激活，并通过联合其他利益相关者共同开发与创造市场机会，以实现良性竞争与机会共生。平台企业是此类创业生态系统的治理主体，它们是生态系统形成和发展的引导者。

除此之外，当前对创业生态系统的研究还关注其运行机制。例如，张秀娥和徐雪娇（2017）提出了创业生态系统的四大内部运行机制；宋晓洪和丁莹莹等（2017）构建了创业生态系统共生关系的三阶段模型；陈海涛和宋姗姗等（2018）研究了创业生态系统的共生演化问题，认为只有互惠共生模式才能使创业生态系统产生最大化的经济效益。同时，在创业生态系统的功能评价方面，学者提出了诸多评估生态系统健康程度的框架性模型，但多集中于对区域和国家层面创业生态系统的研究。

（4）研究述评

现有研究在创业生态系统的概念、特征、构成、运行机制等方面取得了较多成果，但仍有诸多待完善之处。从研究层次看，以宏观与中观层次的研究为主，微观层次的研究相对较少；从研究方法看，较多规范性研究，较少实证研究，且以定性案例研究为主（项国鹏和曾传圣，2020）。在企业主导型创业生态系统的相关研究中，各构成要素的作用是主要关注点，而要素之间的互动影响作用被忽视，这将难以深入研究创业生态系统内主体间的共生演化规律，从而无法满足当前复杂的创业实践中提出的各种需求。因此，结合创业生态系统多主体的特征，对成功案例内各主体间的互动方式与协作逻辑进行描述，研究生态参与者的竞合机制是未来研究的重点（项国鹏和周洪仕等，2016）。

2.1.2 平台生态系统研究综述

（1）平台理论的研究对象

目前有关平台的研究主要将平台分为三类：产品开发平台、双边交易平台和战略创新平台（王节祥和蔡宁，2018）。其中，产品开发平台是平台研究的最初切入点，Krishnan 和 Gupta（2001）将平台视为一种技术结构，由独立子系统及其之间的接口界面共同构成，能促进多款式的产品创新设计，具有动态性与灵活性，因而有利于帮助企业适应不确定性环境的变化，获得竞争优势（Cattani，2005）。之后，平台研究被引入经济学领域，双边交易平台成为重点关注的研究领域（巫强和刘志彪，2010）。双边交易平台通过推动双方或多方参与者间交互作用的实现来获取利润，平台在其中发挥着类似“红娘”或“中枢”的作用（刘启和李明志，2008），如阿里巴巴、Uber 等是此类平台的典型代表，平台企业的定价、竞争等问题是该类平台研究的主要关注点。战略创新平台则立足多边架构对组织生产及创新活动的重构，属于涉及多主体与多重逻辑的复杂生态治理议题（王节祥和蔡宁，2018）。目前，战略创新平台研究主要关注区域创新平台或产业创新平台，如众创空间、科技园区、孵化器等，这类园区通常以政府为建设主体，基于国家政策红利及平台提供的资源与服务来实现创业孵化的功能。然而，诸多研究指出，由于增值服务能力不足、专业化服务水平弱、盈利模式单一、过分依赖政府补贴等，此类政府主导的战略创新平台往往缺乏活力，入孵企业的失败率较高（张宝建，2019）。近年来，基于企业战略与价值创造逻辑视角的平台战略成为研究热点，认为平台化转型是企业层面的竞争战略（张小宁，2014）。作为一种商业模式，平台通过“连接”再“聚合”各资源提供者与需求者，使交易成本降低（冯华和陈亚琦，2016），进而能帮助加入其中的企业实现战略目标。

综观平台理论的演进历程，与平台相关的研究遵循“产品平台—平台企业—平台生态系统”的发展路径（高良谋和张一进，2018）。在日益兴起的生态系统研究推动下，以平台企业作为主导者的创业或创新生态系统已成为经济发展的重要支撑力量（Jacobides 和 Cennamo 等，2018），催生了与平台型商业生态系统、平台创业生态系统、平台创新生态系统等相关的研究，可将这几类由平台企业主导的战略创新生态系统统称为平台生态系统。由于当前与本研究对象——平台企业主导型创业生态系统领域相关的研究内容相对匮乏，而几类平台生态系统间有着较多共同点，因此，下文主要通过梳理平台生态系统的现有研究，以了解当前现有研究的进展与不足。

（2）平台生态系统的研究视角和内容

第一，平台属性研究。①多边架构。多边架构是平台区别于其他组织形式的关键特征，其中，每一边是指因平台汇聚在一起的不同利益相关者群体。多边架构有利于推动平台生态主体间要素集聚与流通，能够快速重组和构建资源（许庆瑞和李杨等，2019），在此过程中，平台通过促进不同群体间的交易和交互来创造价值（薛珂，2019）。②网络效应。平台的网络效应是指单边用户增加对其他用户带来的价值增值，也被称为网络外部性。网络效应是平台的核心属性，也被认为是平台企业增长的"密钥"（王节祥等，2020），因平台网络效应带来的"赢者通吃"，是当前平台研究的主要关注点。

第二，平台生态治理研究。平台生态治理是平台研究的重要领域，主要基于平台企业的角度，从平台生态系统的组织构建模式（王凤彬和王骁鹏等，2019）、定价策略、运营策略（李雷和赵先德等，2016；钟无涯等，2014）、制度和管理创新路径（程立茹，2013）、激励机制（Gawer 和 Cusumano，2008）、平台业务边界（王节祥，2016）、治理机制（池毛毛和赵晶等，2017；林嵩，2011）、平台企业合法性获取（李雷和朱钱晨，2019）等方面开展研究。随着研究的深入及实践中对"困在平台算法里的人"的讨论，平台企业的社会责任问题也引起诸多学者关注。例如，肖红军（2020）基于平台价值共毁的问题，提出平台领导应该由商业性平台领导向责任型平台领导转变。

第三，平台生态商业模式研究。区别于其他商业模式，平台商业模式的核心特征是连接与整合资源供需方，强调协同创新与价值共创（钟琦和杨雪帆等，2020）。基于"轮辐式"的组织形式，将一系列外围企业连接到中心平台（韩炜和邓渝，2020），充分调动和激发来自各方的资源和能力是平台商业模式成功的关键（冯华和陈亚琦，2016）。

第四，平台参与者的行为机理研究。从网络视角看，平台生态系统是平台企业与相关互补企业共同构成的开放性网络组织，各主体间相互依赖、彼此影响。然而，现有研究主要关注平台主导者在生态发展各阶段的战略（王节祥和陈威如，2019）、企业间的价值共创过程（Ceccagnoli 和 Forman 等，2012；周文辉和陈凌子等，2019）等方面，对平台生态参与者的关注度相对较低（王节祥，2018）。随着研究的深入，诸多学者开始尝试探讨平台生态下参与者之间的合作模式问题。例如，刘宗沅和骆温平（2021）的研究比较了企业间传统合作模式与生态合作模式的差异，同时指出生态合作模式应该与相应的治理要素匹配。

第五，平台生态系统价值共创研究。当前与平台生态相关的研究普遍认为，各参与者间协同合作实现价值共创是平台生态系统追求的核心目标（Ritala 等，2013），也是平台生态系统竞争优势的重要来源（Eisenmann 和 Parker，2006）。因此，有关平台生态价值共创的实现过程（周文辉和陈凌子等，2019）、基本特征（钟琦和杨雪帆等，2020）等方面的研究也是当前关注的热点领域。

综上，尽管当前平台经济的现象受到国内外学者广泛关注，但研究主要集中于平台竞争、平台创新、平台技术界面与标准设计等问题，缺乏对平台内部主体间关系及平台治理等方面的深入研究（韩炜和邓渝，2020），无法解释平台生态系统运行的内在机理（施必翔和唐方成等，2020），平台生态系统的赋能“黑箱”有待揭开。

2.1.3　平台企业主导型创业生态系统赋能机理研究

赋能是当前研究的热点领域，诸多研究指出，未来组织最重要的功能是赋能，而不是管理或激励（黄嘉维和小庞等，2016；罗仲伟和李先军等，2017），平台企业赋能议题引起学术界和产业界共同关注（池毛毛和赵晶等，2020）。赋能理论主张通过资源高度整合，为主体赋予生产、竞争与创新能力，同时营造合适的氛围和技术环境，进而达到企业价值提升的目的（刘平峰和王雨婷等，2021）。依托平台强大的资源整合能力，平台生态通过资源共享为创业企业赋能是当前研究共同认可的观点。其中，人力资源、资金资源、供应商资源、用户资源等被认为是平台生态赋能的主要资源类型。近年来，组织制度研究领域中的合法性理论也被一些学者引入平台生态赋能的研究中，认为外界对企业的认可，即合法性，也是平台赋能的关键（张莉，2019）。基于平台企业原有的用户基础与社会影响力，创业企业会获得此种声誉溢出，从而快速被用户和社会认可，提高创业绩效。

在赋能机理方面，部分学者从价值共创的视角对平台企业的赋能过程进行了研究，但赋能对象大多以企业员工或顾客为主体（罗仲伟和李先军等，2017；周文辉和陈凌子等，2019），从创业企业的角度论证平台赋能实现机理的研究相对较少。李平和蒲晓敏等（2019）基于嵌入性创新的视角，提出通过战略嵌入、平台嵌入、生态嵌入，能促进信息、技术、资源在平台企业与创业企业间流动与共享，进而实现对创业企业赋能。井润田和赵宇楠等（2016）从平台组织的机制设计视角出发，认为“共赢、共创”机制是平台组织影响小微企业创业过程的作用机制。吕一博和韩少杰等（2017）以及项国鹏和钭帅令（2019）的研究同样对开放式创新生态系统的主要运行机制进行了归纳。

在研究方法方面，用案例研究阐述平台赋能的机理和过程是当前的主要研究方法。例如，周文辉和李兵等（2018）以“海尔+雷神”为研究对象，构建了创业平台赋能影响创业绩效的理论模型，并从员工赋能和顾客赋能的角度将平台生态的赋能分为结构赋能（Prasad 和 Eylon，2001）、领导赋能、心理赋能（Zimmerman，1995）、资源赋能和文化赋能五个维度。同时，周文辉和陈凌子（2019）还以小米为例，研究了创业平台、创业者和消费者之间通过资源共享实现“价值共赢”的过程。罗仲伟和李先军等（2017）以韩都衣舍为案例，揭示了其“小组+平台”的组织结构对员工赋能的过程。

2.1.4 研究述评

从以上文献综述中可知，尽管在创业生态系统和平台生态系统领域产生了诸多研究成果，而将两者结合起来的平台企业主导型创业生态系统的相关研究较匮乏。

（1）研究内容方面

一方面，当前有关创业生态系统的研究主要关注内涵、构成与特征等方面，对生态系统的运行机制及参与主体间的交互作用机制有待进一步探究（项国鹏和周洪仕等，2019）。另一方面，平台相关的研究更多关注产品平台或平台经济，创业孵化型平台企业的研究仍相当薄弱，且尚未摆脱概念迁移中的“镜像假设”束缚，倾向于简单地将产品技术平台或双边交易平台的结构映射到企业平台组织上（魏江和黄学等，2014）。同时，与平台企业相关的研究主要关注平台商业模式（冯华和陈亚琦，2016；龚丽敏和江诗松，2016）、平台生态治理（张镒和刘人怀等，2019）等较宏观的理论描述，或是企业平台化转型、平台企业结构与运营（岳云嵩和李兵，2018）等组织内部微观研究，对平台企业主导型创业生态系统这一特殊组织情境的关注度明显不足。平台企业主导型创业生态系统研究基于我国“大众创业、万众创新”的现实发展背景，结合当前“互联网+”与物联网的发展趋势，有利于探索提升创业企业绩效的新途径，为创业管理研究提供新的现实与理论情境（龚丽敏和江诗松，2016）。

（2）研究主体方面

现有绝大多数与平台生态相关的研究以平台企业为主体对象（Gawer和Phillips，2013），基于平台企业在平台生态中的“领导地位”，探索有利于推动平台生态系统良性运行的治理机制。不可否认，平台企业是平台生态战略成功的关键，也是推动系统成员实现共赢的核心力量（West和Wood，2013）。然而，一个生态系统的健康运作，同样离不开其他互补生态位企业的支持，但少有研究关注创业企业与创业生态系统内其他主体间相互作用的具体模式（Reynolds和Uygun，2018）。

（3）研究方法方面

当前许多研究都是通过构建理论模型进行规范性研究，或以典型企业为案例进行分析，缺少有数据支撑的大样本研究。为了论证研究的普适性，运用仿真及大样本（Zhu和Iansiti，2012）的方式开展平台生态系统的相关研究成为下一步研究的重点。

（4）研究深度方面

尽管诸多学者认可了“平台通过赋能对企业绩效产生影响”的观点，但有关赋能的作用机制尚不明确。部分学者从价值共创的视角解释了平台企业的赋能机理（朱勤和孙元等，2019），认为平台赋能是基于生态主体间价值共创实现的，但对于赋能产生的前提和基础条件，并没有进一步的分析。对于为什么平台企业主导型创业生态系统对创业企业赋能的效果更好？此种高效的赋能效应形成的原因是什么？等相关问题尚缺乏相关研究。

2.2 耦合研究综述

2.2.1 耦合的研究视角及内容

耦合是两个或两个以上体系或两种运行形式间基于各种相互作用而彼此影响，产生互动，并最终联合起来的现象。目前，创新创业管理领域对耦合的研究主要包括宏观与微观两个层面。

（1）宏观层面的耦合研究

宏观层面的耦合研究是指由国家或区域社会系统中子系统之间，以及子系统与环境之间的良性互动而形成的相互依赖、相互协调、彼此促进的动态演化关系。

第一，宏观层面耦合的研究内容。目前与耦合相关的研究中大部分是从宏观层面展开的，主要包括复杂社会系统耦合、城市/区域生态系统耦合等（Tang，2015），用于表示各子系统之间相互作用、相互带动的关系。例如，焦勇和杨蕙馨（2017）对中国各省市区工业化和信息化融合的耦合程度进行了研究；杨屹和魏泽盛（2018）对我国双创能力的时空差异及耦合效应进行了分析；Fang 等（2016）利用信息熵权法，STIRPAT 模型、耦合度模型、多 agent 系统模型和大数据城市计算机模型研究了城镇化与生态环境之间的耦合关系，并指出调整子经济系统之间的耦合协调度对实现城市化和生态环境协调发展具有重要意义。

第二，宏观层面耦合的研究方法。目前，基于宏观系统耦合的评价与测度方法方面产生了丰富的研究成果，耦合协调度模型是最受推崇的模型，它基于各项统计指标，运用数学公式计算定量指标来测算耦合协调度和耦合度，以评价研究对象间的耦合状态。刘耀彬等（2005）构建的测度耦合协调度的模型与方法，成为后续被广泛借鉴的经典模型；苏屹和安晓丽等（2018）运用此耦合度模型测量了我国31个省市创新子系统和创新支持子系统间的耦合度。其他学者也采用灰色关联模型、熵变模型、TOPSIS模型等对宏观子系统间的耦合关系进行研究（Tang，2015）。

（2）微观层面的耦合研究

微观层面的耦合是指产业系统或企业系统中子系统之间，以及子系统内部的微观主体之间通过各种相互作用而彼此影响、共生演化的现象。

第一，微观层面耦合的研究内容。相比于宏观系统，微观系统层面的耦合研究成果相对较少，主要聚焦于不同产业集群间耦合、产学研合作耦合、产业集群内不同模块耦合、不同企业集群间耦合等。例如，张利飞（2015）发现技术互动性、相对重要性和所有权集中度正向影响高科技产业技术种群间的耦合强度；Yayavaram 和 Ahuja（2008）基于组织知识的视角分析了组织内知识元素之间的耦合模式；王萍和刘思峰（2010）从耦合效度与耦合密度两方面建立了耦合创新的数学模型。Freitas 和 Marques 等（2013）认为，产学研子系统之间的耦合关系决定着系统整体效应的发挥。孙耀吾和翟翌等（2013）以苹果移动创新网络为样本，对资源与能力匹配的创新主体之间的耦合过程与机理进行了研究，认为创新主体之间的耦合共轭使他们实现相互支持与促进，能显著增进价值创造。

第二，微观层面耦合的研究方法。对于微观层面耦合的研究，当前学者主要运用的方法是耦合协调度模型、系统动力模型、数理推导模型、生态学模型等。例如，张利飞（2015）运用生物演化密度依赖模型研究了技术种群间的耦合关系；王国红和贾楠等（2013）使用系统动力学方法定性分析了集群中小企业协同创新网络与创新孵化网络之间的耦合机制；单子丹等（2015）运用动力学模型和系统仿真描述了高技术知识时空耦合机制的运作过程与转换规律。Tsai（2009）基于演化经济学和系统动力学视角对台湾地区企业、企业孵化器、中介机构及其他参与者之间的耦合关系进行共生演化。

2.2.2 耦合要素及测度研究

耦合要素是指导致系统或主体间耦合关系形成的内容与元素，是耦合关系的“黏合剂”，目前研究得较多的耦合要素包括知识耦合、技术耦合、关系耦合、资源耦合等。例如，魏奇锋和顾新等（2013）基于“知识节点—知识链—知识网络”链条的知识耦合过程，系统分析了知识网络的形成机理；于飞和胡泽民等（2018）以专利分类号测度企业的知识耦合，研究了技术领域间的知识耦合对企业突破式创新的影响；王萧萧（2018）借鉴耦合协调度测度模型，对产学研合作中的知识耦合进行了定量测度；张影（2019）认为资源耦合是资源以相互联结、渗透、融合等方式而创造出更大价值的新资源的过程。

部分学者进一步将耦合划分为多维度，如王亚娟和张钰等（2014）运用问卷调查的方法研究了模块化组织下技术耦合和关系耦合对供应商创新的积极影响，其中技术耦合用模块化的题项进行测量，关系耦合用互动强度的题项进行测量。成泷和党兴华等（2018）用组织的互惠性与亲密性度量组织耦合程度，并开发出 8 个问卷题项。连远强和刘俊伏（2017）用网络成员能否根据战略目标识别并选择适当的合作伙伴、网络成员能否合理定位网络角色、成员间能否通过耦合接口形成多样化合作关系 3 个题项测度网络耦合。李成龙和刘智跃（2013）将产学研创新系统耦合划分为四个维度，包括物理系统耦合、管理系统耦合、知识基础耦合、文化价值耦合（见表 2－1），并开发了相关的度量量表。曹霞和宋琪（2014）也借鉴了李成龙和刘智跃（2013）的量表，用来探讨产学研创新系统耦合影响主体知识进化的机理，并验证了量表的可靠性和有效性。创业生态系统主体间耦合关系的形成应该是多维度要素共同作用的结果，因此，该研究可作为本研究划分耦合要素维度的参考依据。

表 2-1　产学研创新系统耦合维度分类

物理系统耦合	知识基础耦合	管理系统耦合	文化价值耦合
仪器设备耦合 网络平台耦合 信息技术耦合 规则程序耦合 研发、设计和工艺耦合	科学知识耦合 实验技术知识耦合 生产技术知识耦合 商业知识耦合	规章制度耦合 组织结构耦合 培训制度耦合 交流机制耦合	愿景目标耦合 价值观耦合 行为规范耦合

资料来源：根据李成龙和刘智跃（2013）以及曹霞和宋琪（2014）的研究整理得到。

2.2.3　模块化组织的松散耦合研究

模块化组织作为整合各互补企业的组织模式被越来越多的理论和管理实践所推崇，其目的在于通过跨组织边界的合作共同面对创新复杂化和创业难度大的问题。在模块化组织结构形式下，各企业和部门按照自身功能分工形成模块化，各节点模块组织基于自身的专业化，既独立运营又相互合作，共同促进整体网络效益最大化。从模块化组织的基本特征看，此种组织形式既结合了一体化组织与市场化组织的优势，又能有效规避其劣势（张首魁和党兴华，2009）。平台企业主导型创业生态系统内主体间便是基于模块化组织的架构模式，各主体间依靠松散耦合的形式实现模块化组织运作。

模块化组织通常与松散耦合型组织密切相关。松散耦合指同一系统内的要素间既相互响应，又在自身身份和物理与逻辑上保持彼此分离（李会军等，2015）。Dubois 和 Gadde（2002）指出，松散耦合结构是一种介于能被控制与相互不受制约之间的组织间联系，这种联系方式打破了传统行政管理与阶层组织中“控制机制”的深远影响，更利于组织间互补效应的实现。王建安和张钢（2008）的研究提出，松散与耦合并非组织间关系强度的描述，而都是对组织结构形式的修饰词。其中，松散是对节点运营关系独立性的描述，是模块化组织结构形式的主要特征，有利于组织保持柔性和提高效率；而耦合则是指节点间基于某些要素而形成的相互影响、相互依赖的关系，有利于全局性的变革和持续创新。对平台企业主导型创业生态系统而言，平台企业从自身发展战略出发，寻求互补性企业加入由其构建的创业生态系统，为了保证各节点较高的响应效率和专业化程度，企业间需保持相对独立的运营关系，拥有较高的自主管理和经营权，实现其松散性。另外，为了保障系统的整体效益和正常运营，结构上松散的组织间必须伴随着其他要素的紧密耦合（李会军等，2015），否则系统将成为一盘散沙，无法实现预期目标。因此，在平台企业主导型创业生态系统组织间结构松散性的前提下，需强调主体间的耦合性才能实现价值共创目标。党兴华和张首魁（2005）对核心模块协调下创新网络节点间的耦合方式进行了分析，认为基于激励要素形成的控制耦合是核心模块与非核心模块间的主要耦合形式；而非核心模块间的耦合是信息耦合，这为平台企业主导型创业生态系统内主体间耦合的研究提供了理论参考。

综上，从模块化组织的视角看，各模块化节点间的耦合关系是创业生态系统有效运作实现的基础，节点之间的耦合程度直接决定了系统整体效能的高低。

2.2.4 研究述评

综合以上分析可知，当前基于生态系统视角对系统之间及主体之间耦合的研究取得了较多成就，但仍存在诸多不足。

一是在研究视角方面，诸多现有研究认可了耦合关系的重要性，认为耦合机制是推动主体间协同效应产生，进而实现生态系统高质量运行的关键要素。然而，关于耦合关系形成的影响因素及耦合关系对生态系统整体效能发挥作用的影响机理，尚无过多研究。

二是在研究对象方面，目前有关耦合的研究主要集中于宏观环境层面，将生态参与主体作为无差别对象看待，运用耦合协调度模型测度系统间的耦合情况，微观层面主体间的耦合研究有待进一步展开。

三是在研究方法方面，宏观层面研究的主流方法为耦合协调度模型，少有的微观层面耦合的研究也倾向于采用生态学视角的方法和工具，如仿真、数理推导、案例分析，以及规范性研究，缺乏实践情境下的大样本实证检验。

2.3 社会资本研究综述

2.3.1 社会资本的维度划分及测量综述

根据前文对社会资本的定义可知，社会资本是可从网络、资源、能力或规范等不同视角进行界定的复杂概念，基于不同视角，社会资本具有丰富的内在维度。当前有关社会资本维度划分的研究取得了丰富的成果，部分观点如表 2 -2 所示。

表 2 -2　　社会资本的维度分类研究

代表性研究	社会资本维度分类	维度含义及解释
Nahapiet 和 Ghoshal（1998）	结构维度	主体间的联系与互动关系，包括网络联系、网络结构、网络密度等
	认知维度	主体间的认知一致性倾向与行动，包括共同语言、共同愿景等
	关系维度	主体间基于社会互动建立的关系类型，包括信任、认同、义务、规范等
Yli - Renko 和 Autio 等（2001）	结构维度	企业间网络联系的情况
	认知维度	企业间社会交互的水平
	关系维度	企业间关系质量的水平
Gabby（1997）孙凯（2011）	结构维度	对提升合作效果、降低交易费用、产生互惠期望有利的社会联系
	关系维度	通过创造和维持人际关系而获取的稀缺资源
Adler 和 Kwon（2002）	外部社会资本	组织的外部社会关系，有利于获得外部资源
	内部社会资本	组织内部的连带，有利于提升组织的集体行动水平

续表

代表性研究	社会资本维度分类	维度含义及解释
边燕杰和丘海雄（2000）	纵向联系	企业与上下级企业的联系
	横向联系	企业与其他企业的关系
	社会联系	企业经营者的各类社会交往及关系
林筠等（2017）	结合型（bonding）	嵌入组织内部网络中的资源，强调组织凝聚力
	桥接型（bridging）	嵌入组织外部网络中的资源，强调多样化的外部网络
徐蕾等（2013）	本地社会资本	从集群社会网络中获取的社会资本
	超本地社会资本	与集群外各类主体交互而获取的社会资本
李振华和李赋薇（2018）	集群社会资本关系维度	孵化网络中的各主体间的稳定合作关系
	集群社会资本文化维度	孵化网络中各主体间的文化特点

第一，基于关系强度视角的维度划分及测度。20 世纪 70 年代初，Granovetter 以交往时间、熟悉程度、情感亲密性、互惠服务等为指标，把人际间关系分为强关系与弱关系两种，成为社会资本研究中的重要分类。

第二，基于关系对象视角的维度划分及测度。Adler 和 Kwon（2002）将社会资本划分为内部社会资本与外部社会资本的方法被诸多学者借鉴（程聪和谢洪明等，2013）。其中，外部社会资本存在于企业外部，有利于稀缺资源的获取（杨俊和张玉利，2008）；内部社会资本则存在于企业内部，能增强企业内部凝聚力（王国顺和杨昆，2011）。在此种分析视角下，还形成了对应的桥接型（bridging）和结合型（bonding）社会资本的划分方式（林筠和韩鑫等，2017），也得到普遍认同。

第三，基于社会资本内容差异的维度划分及测度。Gabby（1997）将社会资本分为结构维度与关系维度，后续学者在此基础上进行了拓展与丰富。最具代表性的是由 Nahapiet 和 Ghoshal（1998）提出的结构维度、认知维度和关系维度的分类方法，为后续分类提供了重要的参考依据。在具体维度的选择上，不同学者通常根据研究对象差异选择单维度或不同维度组合进行研究。例如，孙凯（2011）将在孵企业社会资本分为结构维度和关系维度。

第四，其他视角的社会资本维度划分。除上述较为经典的划分方法外，学者还基于不同的研究对象与研究情景，提出了其他的划分方式。例如，谢峰（2013）将企业外部社会资本分为纵向社会资本、横向社会资本、关系社会资本；边燕杰和丘海雄（2000）将社会资本区分为企业的横向联系、纵向联系和社会联系；还有部分学者结合网络和集群的特点，提出集群社会资本的概念，并对其进行分类（徐蕾，2013）。

2.3.2 社会资本形成与维持的影响因素

目前，关于社会资本的研究已经相当成熟，尤其关注社会资本对企业的影响路径与相关实证验证。然而，如果没有关于社会资本实际如何提升的明确指示，管理者就无法有效地利用社会资本推动公司之间知识信息的共享（Foss 和 Pedersen，2004）。在与社会资本形成和维持因素相关的现有研究中，大部分研究认为社会资本来源于社会关系，且只有在满足相应的条件时，社会关系才能被激活，进而产生社会资本。

（1）社会资本来源的相关研究

第一，社会网络关系是社会资本的主要来源。“社会资本通常是在社会关系互动中建立起来的”这一基本观点得到诸多学者的认可，并从不同角度对此进行了验证。例如，Elfenbein 和 Zenger（2014）的研究指出，供应商和零售商之间的重复交易行为能够促进关系资本形成；李振华和李赋薇（2018）对孵化器主导的孵化网络进行研究，得出孵化网络的关系强度与关系持久度正向影响社会资本的结论。程聪和谢洪明等（2013）的研究显示，网络关系显著影响企业内外部社会资本。Jeffrey 和 Carpenter 等（2004）提出，企业的各类异质性资源要素（如员工认知、制度完善、利益分配等）能帮助形成社会资本。

第二，社会资本的激活受其他因素的影响。基于不同研究对象与理论视角，学者研究了社会资本形成的影响因素。例如，Steinmo 和 Rasmussen（2018）探讨了企业应如何获得与大学研究人员成功合作所需社会资本的问题，研究结果显示，学术专长与过往合作经验对公司形成认知社会资本进而建立产学合作关系有利，且随着时间的推移，认知社会资本能发展为关系社会资本。Lavie 和 Haunschild 等（2012）的研究结果表明，合作伙伴内部任务惯例的差异将破坏联盟间社会资本的形成。制度观认为，社会资本实际上是约束性或促进性制度环境产生的客观结果或因变量（Svendsen 和 Svendesen，2003），对应于平台企业主导型创业生态系统情境下，可认为基于契约、合同和制度的平台正式治理将对社会资本的形成产生影响。

（2）社会资本形成的“组织优势观”

Nahapiet 和 Ghoshal（1998）提出，社会资本的形成与发展在很大程度上受到影响社会关系演变的因素影响，如相互作用、相互依赖和封闭性。他们认为，只要机构在以持久关系为特征（即相互依赖、相互作用和封闭程度相对较高）的环境中运作，这些机构中就会出现相对密集的社会资本配置，这种观点也被称为“组织优势观”，为本书的研究提供了可供参考的理论依据。

（3）社会资本形成的“机会—动机—能力”框架

尽管社会资本来源于社会关系是目前诸多学者的基本共识，然而，社会关系并不一定能够形成社会资本的观点也得到普遍认同，因此 Adler 和 Kwon（2002）提出了“机会—动机—能力”框架，他们认为，要激活社会资本，这三个要素必须同时存在。首先，机会指需要形成关系网络，网络结构中的封闭性、行动者之间的联系等能够为网络参与者获取资源提供可能性。其次，动机是指存在驱使对方提供资源的激励因素。不同于市场关系的实时交易特征，基于社会关系的交换通常不是同时进行的。例如，网络中的 A 企业能否基于社会关系获得 B 企业的资源取决于 B 企业提供资源的动机，若 B 企业预期日后也能从 A 企业获得其所需资源，则其具备分享资源的动机，否则将不会向 A 企业提供资源。信任和共享规范被认为是激活社会资本的关键动力来源。最后，能力是指存在社会关系的对方具备促使关键行动者实现目标的资源与能力。例如，电视机生产商 A 企业与 B 设计企业之间建立了良好的关系，B 设计企业愿意就产品的设计提供诸多的可靠意见，但若 B 企业缺乏必要的专业制造评估能力，此关系便毫无用处。

“机会—动机—能力”框架下社会资本形成的概念模型如图 2－1 所示。

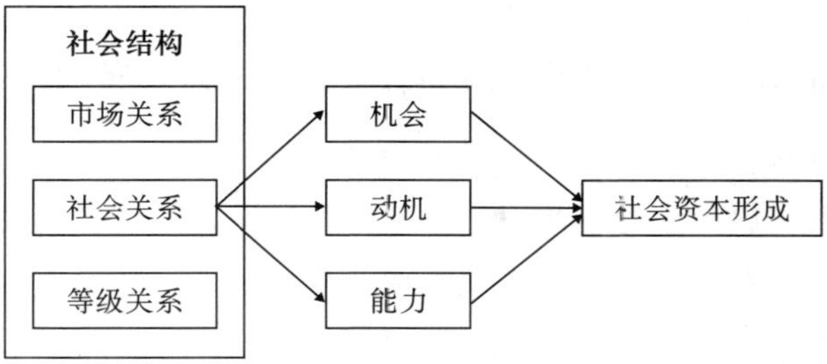

图2-1 社会资本形成的概念模型

资料来源：根据文献（Adler和Kwon，2002）绘制。

2.3.3 社会资本与企业绩效的关系研究

关于社会资本影响企业绩效的机理及方式问题，学者基于不同情境、不同维度进行了大量研究，本书将从社会资本对企业绩效的促进作用、阻碍作用、权变观三个层面进行分类阐述，部分代表性实证研究如表2-1所示。

（1）社会资本促进企业绩效的相关研究与实证

Nahapiet和Ghoshal（1998）的研究认为，社会资本是知识共享的重要推动者，并最终成为卓越绩效的来源，诸多学者从不同的视角对此命题进行了研究和实证验证，当前与此相关的研究主要从以下几个方面展开：

第一，基于社会资本不同维度分类的研究。验证各维度社会资本影响企业绩效的效果是当前研究的热点。例如，Granovetter（1985）认为较强的网络成员关系连结有利于企业获取知识与资源，进而促进创新绩效的提升（Inkpen和Tsang，2016；Reagans和McEvily，2003）。另外，也有学者肯定了弱网络的优势（Gabbay和Zuekerman，1998），认为弱网络联系能帮助企业获得异质性资源，从而提升创新绩效（Phelps，2010）。同样，从其他分类维度进行的研究也取得了丰硕成果。例如，王国顺（2011）、程聪和谢洪明（2013）等的实证研究均显示社会资本的认知维度、结构维度、关系维度能显著提升企业创新能力；林筠和韩鑫等（2017）验证了桥接型与结合型社会资本对企业创新能力提升的促进作用。

第二，社会资本影响企业绩效的内在机理与路径研究。在探索内在机制的研究中，学者通过引入不同中介变量，得出的主要结论包括以下三个方面：①社会资本有利于企业资源整合和资源获取（Nahapiet 和 Ghoshal，1998；杨俊和张玉利，2008；熊捷和孙道银，2017）；②社会资本能降低企业间的交易成本（Maskell，1999；张方华，2005）；③社会资本有利于提升企业能力（唐丽艳等，2014；王国顺和杨昆，2011；王瑞，2017）。

第三，社会资本影响企业绩效的调节变量研究。在研究社会资本影响企业绩效的机制中，学者还加入调节变量考察不同情况下的影响效果差异。总体而言，当前的调节变量大概可分为两类：①环境因素，主要考虑制度环境、市场环境、技术环境等环境的动态性、复杂性、竞争性；②组织因素，主要考虑组织性质（陶秋燕和孟猛猛，2017）、生命周期（唐方成和申子雯，2014）、管理策略等。

第四，基于不同情境的研究。不少学者将企业置于不同的组织情境中对社会资本进行研究，如集群（徐蕾等，2013）、孵化器（唐艳丽等，2014；孙凯，2011）、产学研合作（Steinmo 和 Rasmussen，2018）、组织联盟等。例如，韩莹（2020）验证了众创空间内初创企业的社会资本对其创新绩效的显著正向作用；李振华和李赋薇（2018）对我国孵化器网络的研究发现，集群社会资本的文化维度和关系维度对孵化绩效有正向影响。

综上，基于现有文献回顾，有关社会资本正向影响企业绩效的相关研究可构建如图 2-2 所示的研究框架。

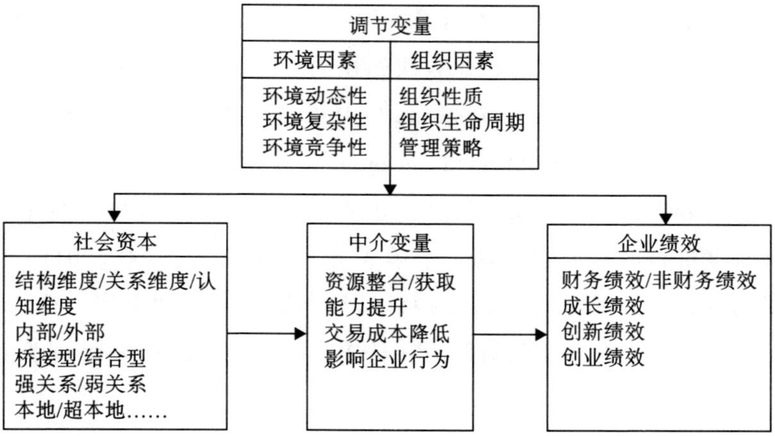

图 2-2 社会资本正向影响企业绩效的现有研究框架整合

(2) 社会资本阻碍企业绩效的相关研究与实证

如上所述，当前关于社会资本正向影响企业绩效的研究取得了丰富成果，成为主流观点，然而，随着研究的深入，一些学者也提出了不同的观点。有关社会资本阻碍企业绩效的相关研究最早是从网络嵌入维度展开的（Portes，1998），主要包括以下几种观点：

第一，社会资本导致“锁定效应”。虽然企业的社会关系网络能帮助其获得发展所需的资源，但强关系通常存在于封闭性较好的网络中，可能排斥新成员加入，不利于企业对新知识的获取，进而导致资源的同质性，产生“锁定效应”。

第二，积累社会资本需要耗费成本。社会资本来源于互动中产生的社会关系，而社会关系的形成往往基于互惠原则，因此，社会资本的形成和维持是存在经济成本的，也需要耗费企业自身的资源（Adler 和 Kwon，2002）。另外，由于社会资本具有交换延时性的特征，成本是否能够产生回报取决于未来对方的能力和意愿，具有不确定性，这导致社会资本的形成和维持需要足够的沉没成本投入（Lorenzoni 和 Lipparini，1999）。

第三，社会资本可能导致“外部依赖症”。通过社会资本获得资源是企业发展中的一条“捷径”，但也可能导致企业在获得较多社会资本后形成对技术创新的“外部依赖症”，最终失去提升自主创新能力的内在动力（Florida 和 Cushing 等，2002）。

(3) 社会资本影响企业绩效的权变观

除以上两种视角外，还有学者基于权变观，认为社会资本是一把“双刃剑”，既能为企业带来积极影响，也可能因强化群体思维和同构现象，为企业带来消极影响。而各种不同效果的产生，取决于不同的情境因素，应分情况讨论。例如，王淑敏和王涛（2017）发现，社会资本与企业所处情境的匹配度决定了社会资本影响自主创新能力的效果。

综上所述，对于社会资本如何影响企业绩效，现有研究并没有一致的结论，尽管社会资本有利于企业绩效提升的观点是主流，也有少数学者对不同观点进行了研究及实证验证，部分实证代表作及观点如表 2-3 所示。

表 2-3　　社会资本对企业绩效不同影响的部分实证研究

作用方向	代表性研究	研究对象	社会资本及分类	相关结论
正向	谢洪明（2006）	134 家企业	内部/外部社会资本	社会资本对组织技术创新和管理创新有正向影响
	Pirolo（2010）	340 家高新技术企业	强关系/弱关系	强关系有利于利用性创新；弱关系有利于探索性创新
	Moran P（2012）	120 家制药企业	关系维度/结构维度	关系社会资本促进产品和流程创新；结构社会资本有利于提升企业销售额
	唐丽艳等（2014）	156 家在孵企业	结构维度/关系维度/认知维度	社会资本对在孵企业吸收能力有正向影响
	林筠和韩鑫等（2017）	243 家知识密集型企业	结合型/桥接型	社会资本有利于提升知识密集型企业的双元创新能力
	李振华等（2017）	181 家在孵企业	关系社会资本	社会资本对资源获取和创新绩效均有显著正向影响
	熊捷和孙道银（2017）	151 家知识密集型高新技术企业	结构维度/关系维度/认知维度	社会资本对隐性知识的获取有正向影响
负向	Indre Maurer 和 Mark Ebers（2006）	6 家新创生物技术公司	结构维度/关系维度/认知维度	社会资本过高会使企业产生锁定效应
	龚鹤强和林健（2007）	142 家民营企业	关系维度	过大的关系网络将降低企业绩效
	孙俊华和陈传明（2009）	332 家制造业上市公司	纵向联系/横向联系	企业家的纵向关系网络负向影响企业短期绩效
权变	徐蕾等（2013）	169 家集群企业	本地/超本地	本地社会资本有利于利用式学习，负向影响突破式创新绩效；超本地社会资本有利于探索式学习，正向影响突破式创新绩效
	唐方成和申子雯（2014）	261 家企业	管理层/供应商/客户	企业发展阶段在社会资本与经营绩效的关系中有重要的权变作用
	王淑敏和王涛（2017）	300 家企业	网络关联、信任、重复交易	企业的战略导向对社会资本与企业自主创新能力有权变作用

资料来源：作者根据相关文献整理而来。

2.3.4 研究述评

当前国内外有关社会资本的研究已经相对成熟，本研究主要从社会资本的维度分类、影响社会资本形成的因素，以及社会资本影响企业绩效的作用机理及实证几个方面对相关文献进行全面梳理。整合现有研究，可发现存在以下不足：

第一，目前有关社会资本的研究更多关注社会资本的作用效果，对于如何撬动社会资本形成和发挥作用的研究则相对较少，这将难以为企业如何通过发展社会资本进而提升其绩效提供意见。

第二，尽管已有部分研究指出了社会资本对创业企业的重要性，但以创业企业为对象探讨社会资本如何影响创业绩效的文献并不多，现有研究无法匹配创业企业的特点，可能对创业企业并不适用。

第三，缺乏基于平台企业主导型创业生态系统情境下的研究。主体间及主体与环境间相互依赖是创业生态系统的关键特征，实现价值共创与共生共赢是创业生态系统的预期目标。这意味着在创业生态系统中主体间更容易形成社会资本，而其产生的前提与效果形成的机理尚未揭开。

因此，本研究将基于以上不足对平台企业主导型创业生态系统中社会资本产生的前提条件及对创业企业绩效的影响机理与实证效果进行研究，以补充和完善现有研究。

2.4 创业绩效研究综述

创业绩效是创业企业活动的最终输出结果，是企业创业目标达成情况的度量，同时也是创业企业竞争优势的根本体现（Carmona 和 Momparler 等，2012）。现有创业绩效领域的研究，主要关注创业绩效的理论视角、影响因素、评价方法、测度指标等方面。

2.4.1 创业绩效研究理论视角

创业绩效理论是组织绩效和战略管理研究结果在创业企业情境下的应用，目前，创业绩效研究的以下几个理论视角被学者广泛关注：

（1）群体生态论

该视角通常也被称为“自然决定论”，它将环境视为企业生存的决定性因素，此观点强调环境的重要性，认为组织的战略努力应该与环境匹配，提出只有和竞争环境相适应的创业企业才能生存，类似自然环境中的“物竞天择”规律。在此理论视角下，区位差异、市场条件、政治气候、创业机会的差异化结构等环境因素都将直接决定创业绩效（李乾文，2004）。

（2）社会认知论

该视角改变了被动的环境决定理论，将视角聚焦于个体分析层面，认为创业行为取决于创业者及创业团队的认知特征，如创业者的冒险倾向、成就欲、创业经历、管理能力等。此种理论视角注重创业过程中人的主观能动性作用，为从个体层面分析创业绩效提供了参考。

（3）创业资源论

该视角基于传统的资源基础理论，强调创业企业拥有的有价值的、稀缺的、难以替代的各种资源是导致创业绩效差异的根本原因，其中，资源既包括企业原本拥有的资源，也包括环境中可用资源的程度。

（4）战略适应论

该视角认为创业战略选择对创业绩效有重要影响，提出创业企业要在环境互动中识别出创业机会，实施相应的战略选择，才能推动创业绩效提升。此理论视角将静止的、普遍的关键成功因素模型，进一步扩展为动态的、基于不同环境情境下的权变模型，强调应根据不同创业环境选择匹配性战略。

2.4.2 创业绩效的影响因素研究

现有研究普遍认同企业创业绩效是多种因素共同作用的结果（曹之然，2011），余绍忠（2013a）将创业绩效的影响因素归纳为以下五类：

（1）创业机会与环境因素

对应"生态种群论"视角，认为外部环境是决定创业企业绩效的关键因素，从自然环境、政治环境、经济环境、文化环境、制度环境等角度分析，提出环境是一种资源库，其中含有创业所需的各类资源（Ulrich和Barney，1984）。在创业机会因素的研究方面，认为创业机会融合在环境中，且创业机会的识别、评估、应用对创业绩效提升有重要作用。

（2）创业资源因素

对应"创业资源论"视角，认为在激烈竞争的市场环境下，资源短缺是阻碍新创企业生存和成长的关键要素，而可用的异质性创业资源能决定企业经营成败（Dollinger，2003）。根据资源依赖理论，企业可使用的创业资源既包括企业所拥有的初始资源，也包括从企业外部获取和整合的可用性资源，进而学者对各类创业资源或其组合影响创业绩效的效果进行了研究。例如，余邵忠（2013a）发现人才、资金、管理、科技、政策等资源的获取对创业绩效有重要作用；Colombo和Grili（2005）指出，创业团队的知识与技能、先前行业经验、网络关系等资源有利于提高创业绩效。

（3）创业战略因素

对应"战略适应论"视角，此类研究认为与环境和机会相匹配的创业战略是推动创业绩效的关键，强调创业战略对创业绩效的影响。例如，余绍忠（2013b）发现成本领先战略和差异化战略均对创业企业绩效有显著影响；于晓宇和蔡莉（2013）的研究指出战略决策积极影响创业绩效。

（4）创业者及创业团队特征因素

对应"社会认知论"视角，强调创业者个体特质和团队组合特征对创业绩效的影响。在创业者个人特质方面，强调创业者激情、自我效能感、创业警觉性等特性对创业绩效的影响（陈敏灵和毛蕊欣，2020）。在创业团队因素方面，更多关注团队的集体属性，如团队胜任力、冲突与合作、团队构成异质性等对创业绩效的作用效果（杨浩等，2015）。

（5）其他因素

除以上主要因素外，部分学者还研究了产业结构、行业结构特征、风险投资（Jain，2001）、创业企业组织结构（王聪轩，2008）等对创业绩效的影响。

综上分析，可归纳现有创业绩效相关研究的理论视角及影响因素如图2－3所示，考虑主要的创业绩效影响因素，可将其与古时作战成功要素的描述进行匹配，即创业成功必须实现“天时”“地利”“人和”。

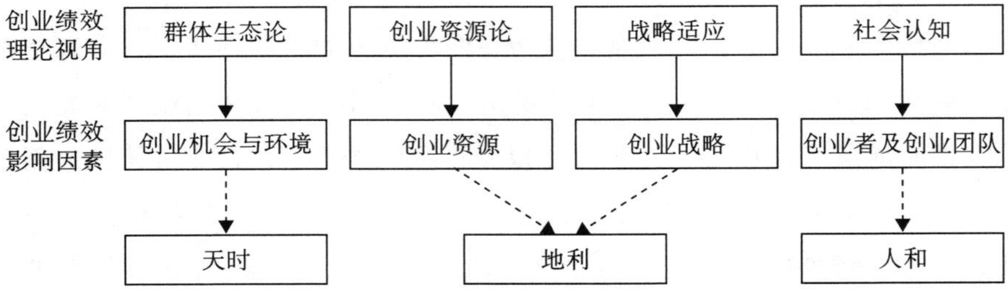

图2－3 创业绩效理论视角与影响因素关系图

2.4.3 创业绩效的评价方法及测度指标

在创业理论研究中，当前评价创业绩效的方法主要包括客观评价法和主观评价法，以及绝对评价法和相对评价法。其中，运用可量化指标反映创业绩效的方法属于客观评价法，此类客观性指标既包括财务类指标，如销售利润率、销售收入等，也包括非财务类指标，如市场增长率等；主观评价法是运用主观等级评价法评估创业绩效，主要用于对过程绩效指标的评价，如服务质量评价等。绝对评价法是以项目的客观指标来评价创业绩效，但由于不同项目差异较大，此方法难以准确判断绩效优劣情况；相对评价法则基于与其他项目的横向比较而得出相对绩效指标，有利于跨行业、跨阶段的绩效比较（Clarke，2011）。

在创业绩效的具体测度指标方面，根据指标类型差异，可将其分为不同的维度。综合梳理当前对创业绩效的研究，主要的测度指标包括三个维度，即生存类指标、成长类指标、创新类指标。其中，生存类指标主要度量创业企业的财务绩效，是创业活动的结果性指标，体现为财务方面的“盈利性”，如获利能力、投资回报率等。然而，由于创业企业的战略定位需要，可能很长一段时间内没有盈利，却具有较强的发展潜力。因此，创业企业更适合使用过程性评价指标，包括度量企业未来发展潜力的成长性指标以及创新绩效指标。其中，成长性指标含市场份额增长速度、销售增长率、净收益增长率等；创新绩效指标是以创新为手段对企业生产价值的增加进行评价的方法，包括企业新产品销售比例、企业专利数量增长速度等。

2.4.4　研究述评

目前有关创业绩效的研究，在理论研究视角、影响因素、评价方法与测度指标等方面取得了较为丰富的成果，为本研究提供了较好的基础。然而，在生态系统理论与实践大量开展的现实背景下，现有研究较少关注平台企业主导型创业生态系统提升创业绩效的机理和路径，本研究将创业绩效的相关理论扩展到平台企业主导型创业生态系统的情境下，有利于丰富创业绩效研究。

2.5　一个整合的潜在分析框架

综合前文的分析可知，作为一种新型孵化业态，平台企业主导型创业生态系统因其较高的孵化成效受到学术界的关注，平台生态为创业企业赋能是当前研究中共同认可的观点（池毛毛和赵晶等，2020）。然而，平台生态为创业企业赋能的具体机理与路径尚未被揭露。从生态系统的特征看，无论是商业生态系统，还是创业生态系统，主体间基于共生互生的耦合关系是推动系统价值共创实现的关键因素，也是系统“生态性”的本质特征，表现为主体间的相互依存、相互作用、协同进化。主体间耦合度越高，说明相互影响的程度越高，彼此之间的“吸引力”与“黏性”越强，系统整体有效性及一体化程度就越高，因此从耦合的角度探索平台企业主导型创业生态系统的赋能机理具有较好的理论与现实意义。从平台生态的赋能机理看，平台企业主导型创业生态系统作为典型的生态系统模式，其本质是一种网络组织的高级形态，平台企业通过强大的资源整合能力，将供应商、渠道商、用户、政府、研发机构等多样化的创业相关主体汇聚，进而有利于各类创业资源的充分整合，发挥平台的资源杠杆效应，推动价值共创实现。从创业绩效的影响因素看，创业企业能获取的资源及拥有的外部关系网络是影响创业绩效的重要因素，而这两者正是创业企业社会资本的体现（刘红丽和谢韵等，2014）。由此可知，由关系网络形成的社会资本可被视为平台企业主导型创业生态系统形成和发展的逻辑起点（Lux等，2020），因此也应该基于社会资本理论对其内在有机构成与功能涌现进行深入探索（李娜娜和张宝建，2020）。

结合以上分析及相关文献梳理，大致能够勾画平台企业主导型创业生态系统的赋能机理与路径，即平台企业主导型创业生态系统内主体间较高的耦合度是其本质特征，该特征推动平台生态参与者拥有一致的目标愿景，并形成命运共同体，进而有利于提升系统整体有效性。同时，依托平台企业强大的资源整合能力，在平台界面支持下，使平台企业主导型创业生态系统成为拥有丰富社会资本的高级网络形态，而创业的本质是构建与动用社会资本的过程，嵌入生态网络获取社会资本是创业成功的捷径，能推动企业获取创业所需资源，实现成功创业。由此，本研究搭建了平台企业主导型创业生态系统情境下，主体间耦合、社会资本、创业绩效之间的整合性潜在分析框架，包含逻辑思路与理论基础两个层次，如图 2－4 所示。

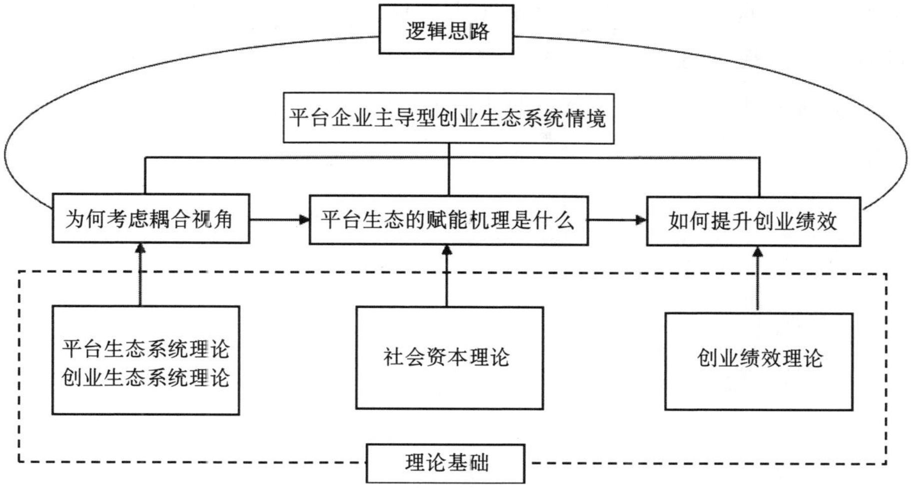

图 2－4　基于现有研究整合的潜在分析框架

2.6　本章小结

本章梳理了与本研究相关的理论基础，并针对具体研究视角与研究问题，对相关领域现有研究取得的成果与存在的不足进行汇总。首先，从本研究的具体情境——平台企业主导型创业生态系统出发，对相关理论进行阐述，发现主体间相互依赖、相互影响的耦合关系是生态系统的本质特征；其次，结合平台企业主导型创业生态系统的网络性特征以及整合多样性创业相关主体的商业模式，从社会资本的视角对平台生态的赋能机理进行解释；最后，基于创业绩效理论对影响创业企业绩效的因素与创业绩效的评价方法与指标进行系统归纳。本研究将主体间耦合、社会资本、创业绩效纳入统一的分析框架，以探讨平台企业主导型创业生态系统对创业企业的赋能机理与路径。综合本章的研究可知，从研究视角上看，尽管当前与创业绩效相关的研究取得了丰富的成果，但仍缺少以平台企业主导型创业生态系统为特定情境的研究；从研究对象上看，当前对平台生态的研究大多以平台企业为主体，关注其治理机制对平台生态的作用，忽视了内部平台生态参与者的相互作用。因此，本研究可能补充相关研究缺口，揭开平台企业主导型创业生态系统对创业企业赋能的“黑箱”。

第 3 章

探索性案例研究与整体研究框架

现有文献的梳理为本研究奠定了理论基础，进一步，基于本研究的核心问题，本章将通过对两个典型平台企业主导型创业生态系统的探索性案例进行分析，归纳与总结平台企业主导型创业生态系统的特征、结构与功能，并结合案例间比较的结果，初步判断耦合、社会资本、创业企业绩效、平台正式治理间的关联。

3.1 案例研究设计

3.1.1 研究方法

本研究试图揭开平台企业主导型创业生态系统对创业企业的赋能机理与过程，即回答“为什么创业企业进入平台企业主导型创业生态系统会提高其创业绩效?”，以及“这种对创业绩效产生影响的实现路径是怎样的?”由于本研究相关主题的理论基础较为空缺，运用案例研究方法对于回答此类“how”和“why”的问题具有更大优势，能够探索隐含在实践背后的理论逻辑，发展新理论。因此，本章采用案例研究方法对典型案例进行分析，通过鲜活的现实情境，获取现实经验与证据，以探索预设模型中各变量间的深层次作用机制。

根据案例的数量可将案例研究法分为单案例研究与多案例研究。由于单案例的现象可能具有一定特殊性，导致研究结果存在局限性，而多案例研究的案例间相互印证，则能提升研究结论的可靠性与普适性，对于理论推演的作用更显著。本研究主要刻画在平台企业主导型创业生态系统中，创业企业与平台生态参与者之间的耦合关系如何作用于创业企业，进而影响创业企业绩效，对创业企业赋能；同时探索在此过程中平台正式治理机制的调节作用。为更好地提出理论假设，拟运用多案例的研究方法。

3.1.2 案例选择

案例研究的目的是通过对目标案例的深入研究，发现、归纳、提炼新的理论，因此，合理的案例选择是案例研究方法的关键。为提升研究结果的可靠性，应选择具有代表性和特殊性的案例。

本研究的理论价值在于，描述平台企业主导型创业生态系统构建中创业企业与平台企业及创业企业间的耦合关系对创业企业绩效的影响机理，根据抽样理论，案例选择应考虑案例的极端性与启发性。小米生态链的极端性在于，与国内同样积极布局物联网的三巨头百度、阿里、腾讯相比，小米在有限资源的约束下，短时间内取得了较大成功，也帮助大批创业企业实现了成功创业，其成长过程体现了后来者居上的极端性。同时，小米生态链的实质是拥有闲置优质资源能力的核心企业，以架构平台打造生态系统的方式，对创业企业进行赋能的过程，属于典型的创业孵化型平台企业案例。因此，剖析小米创业平台的成功实践能有效破解创业“难”、孵化成功率“低”的困境，有利于提高创业平台孵化效率并推动创业成功(周文辉和陈凌子等，2019)。另外，小米的成功孵化模式是当前诸多研究的主要关注点，形成了大量的研究成果，积累了丰富的研究材料，为本研究的开展提供了可靠的辅助资料来源。

为了进行跨案例对比，本研究同时将美的开放式创新平台（美创平台）作为研究对象，对小米的案例研究结果进行辅助验证。选取美创平台的原因在于其案例的典型性，美的集团依托传统家电业务拥有丰富的制造业资源，能够实现对创业企业赋能，但相比小米生态链显著的孵化成效，美创平台更具普遍性，以其为案例可以对研究结论进行比较与交叉验证，能提高结论的可靠性。

3.1.3 数据收集

本研究综合运用多种方式获取一手资料与二手资料，并对数据进行三角验证，具体资料来源方式如下：

一手资料来源：对调查企业的相关工作人员进行半结构化访谈，每人的访谈时间持续 1—1.5h。调研访谈的对象既有平台企业运营管理人员，也有平台生态内创业企业的中高层管理者。首先，对案例平台企业的 2—3 名运营管理人员进行访谈；然后，对应各平台，分别选择 3 家创业企业的中高层管理者进行时长为 30—60 分钟的重点调研与访谈，在选择受访者时，将其在企业工作的时间和对企业信息的了解程度作为重要参考因素。访谈结束后，对于仍未详尽了解的问题，运用多种通信渠道与受访者进行再次沟通交流，以实现对信息的补充、确认与修正。

二手资料收集。广泛获取与小米、美的公司有关的报纸杂志、网站信息、新闻报道、研究报告、学术论文等资料。当前小米作为企业平台化战略的典型案例，存在众多相关二手资料，美的的资料相对较少，但主要获取途径类似，包括：①官网相关资料；②公司内部高管的自述、讲话、访谈等；③公开刊物，如小米官方出版的自述性总结，包括《小米生态链战地笔记》和《参与感：小米口碑营销内部手册》等；④从知网、万方、维普等数据库下载与小米及美的有关的研究论文等；⑤公司社交平台，如微信公众号、微博、论坛等。

3.1.4 数据分析

依据探索性案例研究的流程与步骤，本研究采用的多案例分析方法主要包括以下程序和内容：

首先，进行案例内分析。例如，客观描述案例平台企业主导型创业生态系统的特点，阐述创业企业与平台生态参与者之间的耦合关系体现维度；对创业企业社会资本及创业绩效进行描述；对平台正式治理的机制与措施进行归纳等，并识别单案例中的关键变量特征。

其次，进行跨案例比较。从整体上对所有案例包含的特征变量进行分析比较，揭示平台企业主导型创业生态系统的结构、特征与功能，探索创业企业与平台生态主体间耦合、社会资本与创业企业绩效间的关系，同时归纳平台正式治理机制对变量间关系的影响作用及效果。

3.2 案例平台企业主导型创业生态系统分析

本研究选择小米生态链和美创平台为平台企业主导型创业生态系统的研究案例，首先对平台企业管理者进行访谈，以了解各平台的相关情况，同时从每个平台生态内选择三家创业企业进行深入访谈调研，按照案例研究的惯常做法，对这些创业企业进行匿名处理，分别编号为 A1、A2、A3 和 B1、B2、B3。

3.2.1 小米生态链

小米生态链是由北京小米科技有限责任公司（以下简称小米）主导的创业生态系统，旨在帮助生态链创业企业提高创业成功率，提升小米生态的可持续竞争力，这一生态模式被小米称为“竹林生态”。

（1）小米公司简介

小米公司成立于 2010 年，是一家以手机、智能硬件、人工智能物联网平台等为核心业务的互联网公司。短短几年，小米便占据了国内市场的重要地位：2018 年港股上市；2019 年市值破 2 000 亿元，冲进世界 500 强。小米以优质评价、互联网营销等方式迅速成长，基于爆款小米手机的生产与销售，为小米带来大量的优质资源，包括稳定的现金流、数以亿计的活跃用户群体、强大的供应链上下游影响力等，而这些优质资源需要借助新的业务活动产出才能变现，因此，在小米手机的基础上发展新业务是小米发展的重要战略方向。

（2）小米生态链简介

2013 年，小米创始人雷军基于对物联网风口的判断，决定布局 IoT（Internet of Things，物联网），打造生态链。3 年之后，小米生态链内企业达77家，到2020年10月，小米生态链企业超过了290家，销售额突破300亿，且已有4家公司上市。小米生态链企业布局以小米手机为核心，涵盖手机周边、智能硬件、生活耗材三个圈层，小米意图通过此布局有效缓解科技公司致命的不确定性问题，维持和获取稳定的用户群，提升小米生态的可持续竞争力。生态链事业部负责人刘德认为，若按照常规模式进行自主研发设计或投资收购中等规模的智能硬件企业，一方面需要大规模的资金量；另一方面难以实现快速做大做强，将错过物联网高速发展的时机。因此，小米提出可借鉴竹林繁育的原理打造生态链，利用“投资不控股”与“孵化和加速”的“平台+”模式，将投资目标界定为处于初创期的、拥有较好产品或技术的团队或企业，并致力于将小米自身成功的互联网模式复制于创业企业。为帮助生态链企业提高创业成功率，2016年小米成立了谷仓学院，其主要业务是培训及投资孵化，并充当小米价值观的“放大器”。谷仓学院不断实践摸索出了一套行之有效且独特的创业孵化方法论，为那些认可小米生态链价值观的创业企业提供创业所需的稀缺资源，如设计、供应链、资金、渠道、品牌等（郑刚和胡珊，2019）。小米生态链负责人刘德将小米公司与各生态链企业间的关系比喻为“竹林生态”：借助竹林发达的根系，小米向生态链企业输送各类养分，助推竹子成长，而各竹子的根系在地下相互交织，相互联系、彼此影响。

通过把智能手机的生产经营模式复制到其他领域，在短短数年时间内，小米打造出了一个涵盖2 000多件“爆品”、各产品间相互引流的庞大生态链。在涉足的每个领域，小米几乎都能实现“高端产品大众化、大众产品质量化”的承诺，截至2020年第一季度，小米物联网平台的接入设备超2.52亿台，推动其成为世界领先的消费级物联网平台。

（3）创业企业与内层平台生态主体间耦合

通过对小米及其生态链内3家创业企业（编号为A1、A2、A3）进行调研与访谈发现，创业企业与小米及平台生态内其他创业企业之间的耦合关系主要体现在以下几个方面：

第一，创业企业与小米间的共同价值观是其合作的基础。小米公司CEO雷军一直强调其核心价值观，即“真诚和热爱”。在创业企业选择中，与其他投资类企业不同，创业团队的资产估值并非小米考虑的重点，而是更加重视团队的价值观，即注重考查团队创立初衷是希望快速变现还是实现自我价值。小米公司认为，只有与其企业文化匹配的团队，才能在平台上长久坚持下去。因此，小米坚持“用找老婆的标准找团队”，认定价值观统一是团队选择的首要因素。雷军（2019）认为，在创业团队选择方面，应该找到不需要管理的人，只需树立共同的目标和利益，创业企业便会自发开展工作，而这类人所拥有的非常重要的特点包括有能力、高度责任心、强大的自驱力；其中，自驱力源于对共同愿景的理解与认同，推动各主体形成利益共同体，既为了整体的伟大梦想，也为了自身利益，将大家有效团结在一起。在此价值观下，吸引了一批价值观一致的创业者。本研究调查的 3 家创业企业（A1、A2、A3）在访谈中均提到“我们非常认可小米的价值观，并认为此价值观能够推动企业的长期可持续发展”；“进入小米生态链之前，小米对团队的考量标准中最重要的一条就是是否认可其价值观”；“创业企业或团队重视产品品质的价值观是与小米合作的基石，在生态链企业中，因产品设计达不到要求而废弃价值上百万的模具的情况常有发生，但我们认为这些都是对生态链企业负责的表现”。生态链内万魔耳机公司总裁谢冠宏曾说过“我们一向赞同小米的价值观，并会坚持高品质、低毛利的要求，以最少环节与最高效率，为消费者提供买得起的高品质产品”（周文辉和陈凌子等，2019）。综上可知，小米及其生态链企业对共同价值观的认可是其发展的基石，他们认为，没有价值观一致的基础，多厉害的团队也做不到真正的“在一起”，这体现了小米生态链内创业企业与小米及其他创业企业间基于相同价值观、共同愿景及相似行为规范方面形成的耦合关系。

第二，小米平台内丰富的产业资源是吸引创业者加入的关键动力，创业企业与平台企业及创业企业间形成基于技术与资源的互补与依赖关系。调查与访谈中，创业企业（A1、A2、A3）均提到，之所以选择小米平台，资金不是首要考虑的因素，而是能全方位帮助创业企业。产品从研发到销售之间存在很多环节，包括品控、ID 研发、供应链、销售等，创业企业往往难以控制这些环节，而小米依托其多年产业发展积累了丰富的资源，且能够将这些资源与创业企业共享，实现“用烤红薯的余温把其他物品烘熟了”。而创业企业拥有的核心技术能够实现生态链战略业务布局，为小米生态链持续引流。

在创业企业培训与实战辅导方面，谷仓学院综合运用培训和出版物等多种方式，与生态链企业分享小米的价值观，并以小米生态链的成功经验为蓝本，为创业企业提供培训与辅导。在创业方向识别方面，依托谷仓学院强大的消费品研究团队，能够利用大数据分析判断最具机会、最有可能做大的创业方向，再进一步对创业团队进行辅导，帮助其找对方向、精准定义产品。在设计方面，小米组建了设计赋能中心，为创业企业提供高水平的工业设计和品牌形象设计。在供应链方面，深入行业多年，小米积累了大批优质的制造业资源。同时，依托小米公司强大的现金流，能获得全球优质的供应商资源，且生态链企业的集体采购模式能通过规模效应压低成本，供应商也因源源不断的订单而乐于参与平台生态中。在硬件品控方面，依托小米多年在手机等精密硬件领域积累的品质控制经验，可以为创业企业设置质量标准，把好“质量关”。在用户与销售渠道方面，小米拥有数以亿计的“米粉”，其线上销售渠道不仅包括小米网、米家有品、小米商城等自有渠道，还包括京东、亚马逊、苏宁等合作渠道；线下渠道包括众多小米之家零售店与其他的第三方分销网络，这些流量渠道也是最初吸引创业企业的关键。在品牌方面，小米将“小米”和“米家”两大品牌开放提供给符合小米品牌要求并通过内测的产品，因小米持续打造有“热度”的品牌，被用户和媒体高度关注，已获得较好的口碑，有助于生态链企业的产品快速打开市场。在资金方面，小米与外部 VC 机构存在紧密的合作关系，2016 年，米筹金服上线，小米与新希望公司成立的银行也正式运作，能帮助创业企业解决资金问题。在信誉方面，小米在产业端与消费端都积累了较好的信誉，依托小米的信用背书，能快速打通供应链，使小米生态链上的创业企业获得与更优渠道商、供应商、用户等合作的机会，并增强其谈判力。例如，Yeelight 是小米生态链中的一家智能照明企业，尽管其创始团队具备深厚的技术积累与突出的技术开发能力，但由于欠缺 ID 设计、品控能力、供应链、营销渠道等互补性资产，其技术难以实现盈利。在 Yeelight 加入小米生态链后，小米允许其发展自有品牌和渠道，并给予其充分的经营自主权，在通过小米的内测体系，达到小米品控标准后，批准其在小米官方渠道发布，最终推动了产品的成功，也成为小米生态链布局中的经典案例。

同时，从创业企业的角度，拥有核心技术的创业企业是小米生态链战略布局实现的互补者，小米及小米生态链要想扩大市场份额与提升用户忠诚度也必须依赖互补企业的产品成功商业化，这推动了小米生态链对创业企业的反向依赖。例如，创业企业 A2、A3 的负责人提到，“尽管现在很多消费者说小米生态链是个杂货铺，但我们各企业间的业务是相互引流的，单纯依靠小米的手机业务很难获得持续性的收益，所以我们之间实际是一种相互补充、共同获益的状态”。

综上可知，小米生态链企业与小米之间存在着较强的基于互补性资产要素而形成的双边依赖的耦合关系。

第三，小米搭建的各类平台为平台参与者之间的互动与资源交换提供了有效载体。2019 年，小米 IoT 物联网平台连接的企业超过 5 万家，在 AIoT 领域，借助技术突破，小米同样打造了全球领先的消费级物联网平台。为统筹智能硬件平台终端、增强物联网内部交互水平，小米还开发了一系列相关技术并搭建了诸多功能各异的平台。例如，Vela 软件操作平台为小米消费级物联网的协同兼容提供强大的基础设施；基于 NuttX 开源嵌入式操作系统打造的物联网软件平台，能打通 IoT 应用的碎片化，在各类芯片上运行；IoT 开发者平台，是服务于消费类智能硬件及其开发者的开放平台。同时，小米还搭建了供用户及平台参与者交流互动的平台，包括小米用户交流与生态系列产品发布的小米社区；发布新品、测评及内测动态的 MIUI 论坛；利用话题讨论来增加品牌热度的微信、微博、QQ 空间、百度贴吧等；各类平台间紧密联系、各司其职，共同致力于传播与获取用户。生态链企业借助硬件设备及标准化接口接入平台界面，能够形成基于物理载体的主体间依赖关系。正如调研中多家创业企业（A1、A2、A3）负责人所说“小米的各类平台加深了我们与小米及其他创业团队的联系，也搭建了我们与用户及其他创业资源提供者之间联系的桥梁，使我们更容易进行资源交换，并共同为用户创造价值”。这些都体现了小米生态链内，创业企业与平台企业及创业企业之间基于平台物理信息系统形成的各主体间相互依赖、相互影响的耦合关系。

（4）创业企业社会资本

访谈及调研发现，小米生态链内创业企业（A1、A2、A3）通过加入平台与各类创业资源拥有者建立了稳定的关系，并获得丰富的社会资本，具体体现在以下几个方面：

第一，调研中小米的运营管理者及创业企业（A1、A2、A3）负责人均表示，通过资源互补协同，生态链企业及小米平台企业的资源都被有效激活，主体间实现了协同互助，并与创业资源提供者较好地建立了联系。目前，小米采用强调“产业共创生态”的反向孵化 4.0 模式，积极推进生态参与者间的协同、竞争、互动、共生，通过整合更多参与主体，实现提升创业孵化率的目的。首先，小米通过搭建平台吸引专业资源加入，同时发挥平台角色，协调各种资源，使生态链企业间保持较强的联系。例如，创业企业（A1、A2、A3）加入小米生态链后，在小米公司的推动下，快速获得大量创业资源提供者的支持，而这些资源提供者中很多是受“平台优势”吸引而加入生态链的企业。其次，创业企业之间通过资源相互转化实现协同，具体表现在两方面：一方面，有效激活各创业企业的资源，推动创业企业间产生协同。例如，Yeelight 公司智能灯泡升级借助于华米公司的手环智能系统；紫米公司则为纳恩博平衡车等生态链企业提供电池业务。另一方面，创业企业的资源反哺为小米平台聚集了客户资源与品牌热度。例如，米家产品使用者中仅只有 1/3 是小米手机的消费者，各生态链企业“爆款”产品的成功研发保持了小米的品牌热度，实现小米的高速增长与消费者群体升级。最后，依托小米多年积累下来的用户、渠道、供应链、资金等资源，创业企业能够快速与相应的资源提供商形成联系；同时基于小米的信誉，能够增强创业企业与供应商等谈判的议价能力，获得与优质供应商合作的机会。例如，访谈中创业企业 A1 和 A2 提到的“靠我们自己的能力要想和优质的供应商合作非常困难，在小米生态链下，由于对小米声誉的认可，我们更容易获得与供应商合作的机会”。A3 企业负责人提到“在小米生态链内能够快速与创业资源拥有者建立联系，帮助我们实现最艰难的从0到0.5的进展，以‘扶上马、送一程’的心态推动生态链企业飞速发展”。由此可知，在小米生态链内，创业企业能通过各种途径实现与创业相关利益主体产生联系，这可视为创业企业结构社会资本的体现。

第二，在小米生态链内，创业企业与小米及其他生态链企业之间有着较强的相互认同感，彼此之间相互信任且愿意提供帮助。《小米生态链战地笔记》一书中提到：生态链企业与小米之间是兄弟，各生态链企业间同样是兄弟，相互保持信任，“胜则举杯相庆，败则拼死相救”。由于生态链企业的产品与小米手机互为连通，其市场扩张和覆盖将助推小米物联网生态形成，这使得创业企业与小米的战略目标耦合，在共同的战略目标下，创业企业间及创业企业与小米间会产生更强的相互信任感，相信彼此会为了生态整体的共同利益努力，而不会因短期利益做出伤害整体利益的行为。例如，创业企业（A1、A3）负责人指出的“我们具有相同的价值观，在这样的价值观下我信任小米及其他生态链企业的行为，相信他们不会做出损害本公司利益的事”。“我们的目标都是开发好产品实现引流，扩大用户群，所以会选择相信彼此，就像比赛一样，我们是一个团队，即使大家穿不一样的衣服，但只要目标是相同的，总会心往一处使”（A2企业负责人）。同时，基于扩大用户群、实现引流的共同目标，推动了小米以及其生态链企业间形成相互帮助的氛围，当某企业需要时，其他企业会发挥自己的专长，形成集体智慧，共同推进企业创业成功。在介绍小米生态的创业推动模式时，小米及其生态链企业都提到了共同认可的“作战模式”：“我们的模式就像是打仗，每人拿着一把枪，只负责自己前方的最擅长领域，彼此背对背，绝对信任身后的兄弟，相信大家都能把自己的领域打下来。”例如，借助小米在资本、电商渠道、供应链、品牌、用户等方面的积累，谷仓学院将一群对产品有追求的团队集聚，一起做方案和产品，这些产品反过来又能拓展小米的产品线，由于彼此间的业务协同，各生态链企业只有共同打响品牌才能赢得市场，因而有利于建立信任。由此可知，在小米生态链内，创业企业与其他主体之间形成了较强的相互信任感，这种信任感推动各主体为了彼此成功提供帮助，进而促进生态整体效益提升，是创业企业关系社会资本的体现。

(5) 平台正式治理

对小米而言，一旦生态链企业出现质量问题，将给小米品牌带来难以恢复的损害，这是平台生态参与者最害怕出现的情况。因此，为了规避生态链企业短期机会主义行为带来的负面影响，同时更好地推动生态链企业间的有效协同与良性竞争，小米制定了一系列正式治理方案，主要表现在以下几个方面：

第一，制定了生态链企业的准入和退出机制。小米在团队筛选、标准设置、退出机制等方面，拥有完全的资格审查与准入权。若某生态链创业团队在企业价值观、战略等方面与平台不匹配时，平台将取消对该团队的支持；对于业绩与平台预设目标相距甚远的创业企业，小米也会选择投资同领域新的创业企业。例如，在智能摄像头行业，小米最初的合作伙伴是小蚁科技，但由于其推出产品的市场认可度不高，小米进而与创米科技合作，最终助推小白摄像头的开发与市场化。

第二，对产品品质和服务的高标准要求，制定商家违规行为的处罚规则。由于平台生态主体之间利益高度关联，任何生态链企业的“搭便车”与投机行为都将对整个生态系统带来不利影响。例如，生态链企业小蚁科技推出第一代运动相机时，机身侧面插孔突出位置稍高，但小蚁科技却隐瞒了这一问题，并人工用刀将突出部分削掉。产品上市后，明显的手工切口引发了大量投诉，使用户对小米及其生态链产品产生信任危机。基于这些经验教训，小米以高于市场要求 2—3 倍的标准对生态链企业设置品控标准，同时制定了《商品评价管理规则》来保障产品和服务质量。对于商家可能的违规行为，小米则颁布了《商家违规行为及处理规则》《平台纠纷处理规则》等约束性规则。

第三，拥有一套“投资 + 孵化”的生态链企业支持策略规划。首先，为了维持团队成员的创造热情，小米运用“投资不控股”的方式保留了创业企业的决策权，对创业企业没有行政上的控制，只有建议权，不干涉其内部管理与运行，而是通过投资的方式与各企业建立联系。其次，小米全方位、全过程地帮助创业企业，不仅积极吸引各种专业资源加入，还在平台内积极协调各种资源。为了更好地帮助创业企业突破资源约束实现快速发展，小米制定了相关的帮扶措施与规划。

由此可知，为了更好地推动平台生态参与者间的良性竞争与协同合作，小米制定了一系列相关的正式治理规则与契约，为引导平台生态健康发展提供了制度性保障措施。

综上，结合前文的案例概述，本研究将小米生态链内创业企业与平台企业及其他创业企业间的耦合、社会资本、平台正式治理的具体表现汇总如表 3－1 所示。

表 3－1　　小米生态链案例分析汇总

变量		小米生态链
创业企业与平台企业及其他创业企业间的耦合	文化价值耦合	“我们非常认可小米的价值观，并认为此价值观能推动企业长期可持续发展”（A1、A3）； “小米重视产品品质的价值观能避免企业的短期机会主义行为，这是对生态链企业负责的表现”（A2）； “没有一致的价值观，多厉害的团队也做不到真正在一起”（A1、A2、A3）
	互补性资产耦合	“之所以选择小米生态链，资金不是首要因素，而是因为它拥有能全方位帮助企业创业的资源，包括企业培训、产品研发设计、品控、供应链、销售、品牌、资金等”（A1、A2、A3）； “尽管现在很多消费者说小米生态链是个杂货铺，但我们各企业间的业务是相互引流的，单纯依靠小米的手机业务很难获得持续性的收益，所以我们之间实际是一种相互补充、共同获益的状态”（A2、A3）
	物理系统耦合	小米搭建了各类平台，如提供消费级物联网协同的 Vela 软件平台、IoT 开发者平台、MIUI 论坛、小米社区、微信客服平台等； “小米的各类平台加深了我们与小米及其他创业团队的联系，也搭建了我们与用户及其他创业资源提供者之间联系的桥梁，使我们更容易进行资源交换，并共同为用户创造价值”（A1、A2、A3）

续表

变量		小米生态链
社会资本	结构社会资本	平台吸引各种专业资源拥有者加入，加入小米生态链后，在小米公司的推动下，创业企业能快速获得大量创业资源提供者的支持； “靠我们自己的能力要想和优质的供应商合作非常困难，而在小米生态链，由于外界对小米声誉的认可，我们更容易获得与供应商合作的机会”（A1、A2）； “在小米生态链内能够快速与创业资源拥有者建立联系，帮助我们实现最艰难的从 0 到 0.5 的进展”（A3）
	关系社会资本	生态链企业与小米之间是兄弟公司，生态链企业之间也是兄弟公司，相互保持信任，“胜则举杯相庆，败则拼死相救”； “我信任小米及其他生态链企业的行为，相信他们不会做出损害本公司利益的事”（A1、A3）； “我们的目标相同，都是为了开发好产品实现引流，扩大用户群，所以会选择相信彼此，就像比赛一样，我们是一个团队，即使大家穿不一样的衣服，但我们的目标是相同的，总会心往一处使”（A2）
平台正式治理		小米制定了一系列推动生态链企业间合作及风险应对的正式策略，如生态链企业的准入和退出机制、商家违规行为的处罚规则、“投资 + 孵化”的生态链企业支持策略等

3.2.2　美创平台

（1）美的集团简介

美的集团成立于 1968 年，经过 50 多年的发展，已成为我国家电领域的龙头企业。2013 年，美的集团整体上市；2020 年，美的以 2 782.16 亿元营业收入排名《财富》世界 500 强的 307 位，并连续 5 年跻身世界 500 强。目前，美的集团已发展为含消费电子、暖通和楼宇系统、机器人与自动化、机电事业群、数字化创新五大板块业务的产业集团，并在不断推进全面数字化、全面智能化重要转型。

（2）美创平台简介

美的开放式创新平台（简称美创平台）于 2015 年 9 月上线，是美的集团联合浙江大学共同开发的面向全球的开放式创新平台。平台主要聚焦智能家电、人工智能、智慧家居、健康管理、机器人等多领域的创业活动，同时，依托美的集团在资金、技术、渠道等方面的优势，为创业团队提供从创意到产品的全流程孵化支持。美创平台是美的集团为应对互联网智能化对传统行业冲击采取的反击对策，其借助平台丰富的互补性资产与创新创业能力，寻找互补企业，并基于共赢的价值创造与分享机制，形成具有高度包容性的价值网络。自成立以来，美创平台在整合资源、推动创新及激发创业等方面发挥了重要作用（张忠耀，2019）。

美创平台包含众创平台、需求与解决方案，以及项目孵化三大板块，是向全球大众开放的创业孵化平台，以线上加速、线下扶持的方式实现一体化运营。其中，众创平台由用户发布创意想法并参与创新设计互动与产品体验过程，运用大众智慧推动创意转化落地，解决了原有家电企业普遍存在的下游用户端与上游研发端脱离的问题，使用户个性化需求得到满足。需求与解决方案板块主要针对各类技术难题，由技术人员线上发布技术需求，平台汇集全球资源与人才提供交互解决方案，共同攻克技术难题。项目孵化板块则在全球范围征集孵化项目，平台向通过审核的项目提供资源，以加速项目落地。

（3）创业企业与内层平台生态主体间耦合

通过对美的及其美创平台内 3 家创业企业（编号为 B1、B2、B3）进行调研与访谈发现，创业企业与美的及平台内其他创业企业之间的耦合关系主要体现在以下几个方面：

第一，美的集团以“敢知未来（志存高远、务实奋进、包容共协、变革创新）”作为其价值观，在选择创业企业时，美创平台会考察其价值观，将那些想赚快钱的企业予以否决。调研发现，3 家创业企业（B1、B2、B3）均了解美创平台的价值观，对此价值观表示认可与支持，并愿意以此价值观指导企业自身发展，如 B2 企业负责人提到“在加入美创平台之前，便对美的集团有一定的了解，而在进一步学习与交流中，对它的核心价值观有所了解，这种价值观与我创办企业的初心是一致的，所以坚定了我加入美创平台的决心”，这体现了创业企业与美创平台生态参与者之间在文化价值方面的耦合关系。

第二，美创平台集聚了丰富的内外部资源，能为创业团队提供生产制造与理论指导方面的支持。在理论培训与指导方面，美的集团积极与浙江大学管理学院合作，联合共建“开放式创新联合实验室”，这是全国首个基于产学合作的实验室。实验室聘请专业创业导师以开设培训班的形式，为创业团队提供创业相关理论辅导，通过培训理论、实战经验分享和投资人面对面等环节帮助创业团队更好地体验创客生涯。生产和制造资源支持方面，美的建立了“创新工坊”，购买数控加工机床，解决创业团队可能遇到的样品制作难题，实现从创意到产品的转化。同时，美的集团还向在孵项目开放了其集团内部资源，包括免费的办公场地、产品测试实验室、内部管理系统等。在供应商支持方面，依托美的资质分明、分类清晰的供应商系统，创业团队可以精准匹配合适的供应商资源，以获得产品品质方面的支持。在研发方面，通过对高创机器人、库卡机器人等企业的并购及依托相关企业的协同，美的在全球多个国家布局研发中心。国际化研发为美创平台持续健康运作提供了关键支撑，也为创业企业突破品牌和技术瓶颈提供了着力点。通过线上与线下资源的整合，美创平台的创新要素实现了在世界范围内流动，这有助于推动美的培育新业务，形成以科技创新驱动企业成长的新动力。另外，由于美的集团长期深耕家电行业，拥有大批忠诚客户与稳定的渠道合作企业，美创平台内的创业企业可借助美的集团的用户群、声誉、销售渠道等互补性资产，快速获得用户认可。通过访谈，创业企业（B1、B2、B3）普遍认为，美创平台拥有其企业创业所需的互补性资产，能推动创业成功。正如 B1 企业负责人所说：“美创平台为产品成功诞生提供了强有力的支持，除了资金投资外，在技术、原材料供应、生产、售后等各环节都提供了很大的帮助，可以说，美创平台是我们企业成功的催化剂，没有平台的支持，自己创业是不可能获得相应资源的。”

另外，当前家电行业的竞争愈发激烈，其发展引擎已由传统的产品品牌引擎转变为场景品牌、生态品牌的新引擎，尤其在海尔“人单合一”的平台化改造获得较大成功后，颠覆了传统家电行业的发展模式。在此情形下，美的集团要想获得竞争优势，必须与创业企业合作，依赖创业企业的核心技术商业化来共同打造场景、发展企业生态、打造生态品牌。

由此可知，美创平台内创业企业与平台之间及创业企业之间存在基于对互补性资产需求产生的相互依赖关系，体现了主体间的互补性资产耦合。

第三，美创平台打造的平台系统为生态参与者提供了良好的交互场所。美创平台基于大数据的全球技术情报系统从对内和对外两个方面将平台各参与者有效联系起来：对内而言，研发体系内的情报共享机制打造了一个知识共享和交流平台，让每一个“美的人”都能成为外部情报信息的受益人与提供者，利于工程师发现有价值的信息并分享知识见解；对外而言，研发人员可将其外部技术需求提交至系统，相关部门会帮助其进行技术寻源并联络合作。此系统既连接了合作机构与外部专家学者，也推动了内部员工分享技术成果。为了促进各创业团队的协同与合作，美创平台还搭建了技术交流与协同平台来促进多方供需匹配，各平台参与者可依据市场化交易的契约方式自行开展合作，有利于集中力量解决技术难题。2018年，美创平台策划和申请了由集团牵头构建的“智能家居”开放式创新平台，此平台进一步推动美的为政府、智能家居厂商、智能手机厂商、生态伙伴、公众等创新参与者提供多层级、丰富化的服务，并集聚产业资源。同时，美的集团还打造了强大的供应商系统，实现对供应商的评价筛选、评级分类，并能精准寻求合作伙伴。由此可知，通过平台企业搭建的数字化信息平台，使创业企业（B1、B2、B3）与其他平台生态主体之间形成了较高的基于平台物理系统载体的耦合关系。

（4）创业企业社会资本

第一，依托美创平台，增加了创业企业与创业资源提供者联系的机会与频率。美的通过筹办创意大赛的形式征集多样化的创意资源，如“美的杯”全球智能硬件创新大赛。对于优秀的创意，美的集团以美创平台为载体与政府签署合作协议，政府还会帮忙联系风险投资机构，由政府与投资机构进行投资，为创业企业与政府及投资机构之间的直接联系搭建了桥梁，推动合作关系形成。同时，借助美的集团的品牌号召力，美创平台还与美的全球创新中心、硅谷著名孵化器 PLUG&PLAY、浙江大学、瀚海国际等创新平台合作，帮助创业企业有效整合内外部资源。例如，经过多年发展，美创平台积累了多样化、有深度的各类合作资源，既包括高校与科研院所、科技公司、政府等合作机构，还包括诸多全球创新伙伴的会员单位，如 MIT、UIUC 等，推动了彼此在技术信息、专家人才、实验器材等方面的跨界融合实现。当创业企业遭遇技术难题时，依托美创平台能快速与相关技术知识拥有者取得联系，共同实现技术难题攻关。供应商方面，依托美的强大的供应商系统，创业企业可以快速获得原材料、模具、广告等供应商资源，而不用经过传统的招标流程，大大降低了供应商资源的获取成本；另外，相比创业企业独立获取供应商，美的对供应商的评级分类有效降低了在供应商选择中的信息不对称性，增加了创业企业在谈判中的主动权，实现快速、高效地与供应商建立联系。正如（B1）创业企业负责人所说："根据企业传统流程，采购原材料必须经过招标环节，但考虑到初创企业的成本限制等因素，极有可能中标的供应商并不是最合适的，而在美创平台上，所有供应商的资质、条件等都是公开的，只要企业觉得好，就可以进行合作，不需要招标环节，一切都变得更加简单。"在产学研合作方面，美创平台与国内外近百家知名高校及科研机构建立了合作关系，入驻平台的创业企业能采用项目合作、联合技术研发与人员学习交流等多种形式与其进行知识共享与探索。调研发现，所有创业企业（B1、B2、B3）一致认为，通过入驻平台，使他们能快速与相关创业资源提供商及用户建立联系，且借助美创平台的声誉，增加了创业企业与资源提供方合作的机会，并推动创业企业快速获得顾客及创业合作者的认可，这些都体现了平台对创业企业获取结构社会资本的推动作用。

第二，创业企业与美创平台及平台上的其他企业间产生了基于共同利益的信任关系。推动新产品成功诞生离不开策划、设计、研发、生产、上市等环节，在常规的企业运行机制下，通常出现各环节各自为战，且员工同时负责多个项目的情况，导致各环节负责员工间相互抱怨、责任推诿的情况时常出现，而美创平台对创业项目的支持模式将传统的各流程全线贯通，每个项目都安排指定的专业人员"全情投入"，项目期内只对该项目负责。通过相关专业人员的配合，随时协调解决各种问题，“使创业企业成长得异常迅速”。调研访谈发现，所有创业企业（B1、B2、B3）一致认为美创平台的此种项目机制能有效激发团队的创业热情，促进大家共同协作，因而有利于提高彼此间的信任度。创业企业 B2 的负责人指出，“平台的项目合作机制让彼此看到了对方的不容易，有利于减少抱怨，增加相互尊重与理解，彼此之间的信任度更高了，就能打通从产品研发到生产流通的各个环节，提高创业成功率”。同时，由于创业企业产品的成功能使整体美创平台获益，因此主体间将形成共同的目标愿景，进一步增强相互间的信任感。如 B3 企业负责人所说“我们共用美的的牌子，招牌砸了大家也就都倒闭了，所以我相信他们不会做出搬石头砸自己脚的事”。由此可知，创业企业通过加入美创，推动了关系社会资本的形成。

（5）平台正式治理

为推进平台的健康运营与可持续发展，美创平台持续探索在项目与团队选拔、资源支持、后期管理落地等环节中行之有效的保障机制。其中，路演评审会制度是美的进行内部孵化项目选拔的主要形式，员工或创业团队带着自己的创意或商业计划书参与评审。美的集团会对那些在新颖性、技术可行性、盈利性、团队人员资质等方面都通过评审的项目进行投资，推动项目进入孵化阶段，同时由美创平台为其提供相关的运营支持。

在创业孵化方面，美创平台制定了一整套涉及“机会发现—机会捕捉—机会实现”的运行机制和相关举措，以推动创业成功。其中，机会发现的主要机制包括：通过众创平台，面向集团内外部举行创意大赛，获取新的创意；通过孵化模块鼓励和支持内部员工参与创新创业；通过基于大数据的全球技术情报系统搜集全球有价值的情报信息。机会捕捉的主要机制包括：对孵化项目提供内外部资源支持；推动产学研合作；与政府及金融机构跨界联动投资创业项目；加强与国内外先进研发机构的技术合作等。机会实现的主要机制包括：收购被孵化项目或对独立运作的企业给予优惠支持。

同时，在创业团队入驻平台初期，美创平台便与团队签订相关协议，对彼此的权利与责任进行规制，若创业团队未按要求履行相关的责任时，将遭到平台处罚，甚至失去获得平台支持的资格。

由此可知，美创平台在如何支持创业企业及各规范参与者权责利方面制定了相关措施，体现了平台正式治理机制的存在。

综上所述，本研究将美创平台内创业企业与平台生态主体间耦合、社会资本、平台正式治理的具体表现汇总如表 3－2 所示。

表 3－2　　美创平台案例分析汇总

变量		美创平台
创业企业与内层平台生态主体间耦合	文化价值耦合	美的集团以“敢知未来”作为其价值观，在选择创业企业时，美创平台会考察其价值观，对于那些想赚快钱的企业予以否决； 创业企业（B1、B2、B3）均了解美创平台的价值观，对此价值观表示认可与支持，并愿意以此价值观指导企业自身发展
	互补性资产耦合	“美创平台为产品成功诞生提供了强有力的支持，除了资金投资之外，在技术、供应商支持、培训与指导、生产、售后等各环节都提供了很大的帮助，可以说，美创平台是我们企业成功的催化剂，没有平台的支持，自己创业是不可能获得相应资源的”。（B1） 美的集团依赖创业企业的核心技术商业化来共同打造场景，发展生态品牌，布局企业生态
	物理系统耦合	美创平台引入基于大数据的全球技术情报系统，打造了基于内网的知识共享与交流平台、“智能家居”开放式创新平台、强大的供应商系统等数字化信息平台使创业企业（B1、B2、B3）与平台及创业企业间可以更好地互动
社会资本	结构社会资本	美的集团积极倡导与推动美创平台内创业企业与国内外创新平台、政府、投资机构、高校及科研院所的合作，以共同实现技术难题攻关。同时，强大的供应商系统使创业企业快速、高效地与供应商建立联系，入驻平台使创业企业（B1、B2、B3）更精准快速地与创业利益相关者保持联系
	关系社会资本	美创平台采用项目机制实现对创业各环节的支持，此种机制能提高其他创业相关主体对创业企业的信任，增加相互尊重与理解。共享的品牌声誉进一步增加各合作者间的信任，相信彼此不会为了短期利益损害品牌整体利益
平台正式治理		美创平台在项目选拔、资源支持、后期管理等环节设置了行之有效的保障机制；同时，在创业团队入驻平台时，双方签订相关协议，明确了彼此的权利与责任

3.3 案例研究发现与整体研究框架

3.3.1 平台企业主导型创业生态系统的结构、特征与功能

(1) 平台企业主导型创业生态系统的结构及参与主体

根据本研究对平台企业主导型创业生态系统的概念界定，同时结合案例分析结果可知，依据参与主体可将平台企业主导型创业生态系统分为内层生态与外层生态，如图3-1所示。其中，内层生态由平台企业及创业企业组成，是平台企业主导型创业生态系统最重要的参与主体，内层生态主体间基于共同目标的战略需求而协同合作是推动平台搭建的根本动力；外层生态参与者包括提供技术、产品、服务支持的相关企业与机构，以及用户等，他们被平台架构与网络效应吸引加入，既是平台生态价值共创的实现主体，也是内层生态参与者创业资源的重要来源。

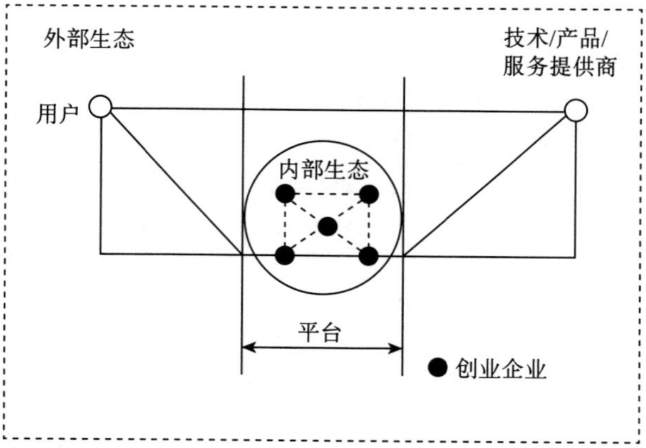

图3-1 平台企业主导型创业生态系统的嵌套结构

资料来源：根据孙聪和魏江（2019）的研究绘制。

由此可知，在平台企业主导型创业生态系统内，内层生态是核心圈层，其主体间耦合状态将决定系统的整体耦合度，是平台企业主导型创业生态系统赋能实现的重要基础。而内层生态整体的耦合度依赖于核心参与主体间的耦合，从平台生态参与者角度，创业企业与平台企业及其他创业企业间的耦合水平是创业企业作为平台生态参与者内在身份的象征，将直接影响创业企业从平台生态获取赋能的效果。从系统整体层面而言，主体间耦合推动内层生态参与者成为命运共同体，进一步，外层生态参与者及生态外部企业基于对内层生态主体的整体认知，加入平台生态或为内层生态参与者提供创业所需资源，推动其创业成功。具体的内外层生态参与者包括以下几类：

①平台企业。平台企业是平台生态的主导者，其凭借自身优势，能发挥对平台生态的主导作用，主要体现在以下三个方面：

第一，平台搭建主导（“筑巢引凤”）。平台企业是平台生态系统网络基础架构搭建的主导者，为平台生态提供组织架构、模块化设计、平台技术，以及平台用户基础。通过平台化战略转型布局企业生态系统，以获得持续竞争优势是平台企业主导搭建平台生态的初始动机。在物联网时代，企业需要不断创新、跨界创业，扩大产品经营范围才能满足用户日益变化的需求，赢得市场竞争。然而，一方面，大企业在创新创业过程中受到传统科层等级制层层审批的制约，常导致市场响应度慢等问题，且由于受到企业业务边界和研发与经营能力等的限制，自主经营将分散企业精力，不利于专业化运营，使大企业在创新创业中存在“大企业病”和“创业多动症”的难题，失败率较高。另一方面，以兼并收购进行业务整合的方式存在较大的风险性，被兼并企业成为大企业的子公司后，可能丧失原有的创业精神，失去斗志，不利于企业战略实现。因此，考虑到企业内部培育的时间与资金成本，以及兼并收购中存在的高风险，通过搭建平台组织架构，与外部专业性更强的、小而精干的创业企业进行合作（池毛毛和赵晶等，2020），用介于科层管理和市场交易之间的方式来获取竞争力和实现扩张，是企业规避成本与风险、提高增长成功率的可行性途径（谭智佳和魏炜等，2019），也是平台企业基于自身战略目标考虑的一种企业转型策略。

第二，资源主导。资源是平台构建阶段吸引创业企业的基础，平台企业掌握着平台生态网络的关键资源，并基于对资源的控制权能影响网络运行，进而规范与约束网络参与者行为。平台企业具有显著的资源集聚属性，其资源主要来自两个方面：一方面，平台企业自身积累的丰富的产业资源。本研究关注的平台属于创业孵化型平台，平台企业通常由在某产业领域取得一定成就的战略企业转型而来，依托多年的产业发展经验及资源积累，其通常具备较为雄厚的产业资源，且此类资源通常是可共享、可重复利用的，属于平台企业的"冗余资源"。另一方面，平台多边架构与网络效应对资源提供者的吸引与集聚。平台模式的管理思维是通过连接两个以上的资源需求方与供应方，以创造出各方独自时所无法产生的价值（陈威如和徐玮伶，2014）。在此组织架构模式下，将吸引用户及创业资源提供方加入平台，获得与平台内层生态参与者交易与合作的机会，进而提升自身利益。同时，网络效应的存在推动了创新创业主体的同边或跨边正反馈效应（程立茹，2013），即资源提供者或用户越多，能带来呈指数级增长的新的资源提供者或用户，尤其当平台发展跨越网络效应边界水平时，将使平台生态的资源集聚属性更加突显。由于平台企业是平台架构的主导者，其拥有较强的内部资源协同与外部资源链接能力，因此是平台生态的资源主导者。

第三，关系主导。为各参与主体提供互动环境与交易规则，并将其向不同群体开放是平台的特点（程立茹，2013），而各主体间的互动价值能否形成，依赖于平台企业的生态搭建、价值导向、关系协调、规则制定、运行监督、赋能支持等功能能否正常发挥（肖红军，2020）。平台企业将不同参与者集合起来，如何引导创业企业和其他平台生态参与者做出符合整体生态网络利益的成果是平台企业需考虑的关键问题。通过构造系统身份并采取推动平台参与者间商务活动的措施，平台企业能有效调节成员间的关系，推动网络整体协同与互动（项国鹏和周洪仕等，2020），使生态系统保持良性可持续发展。

②创业企业。平台企业是平台生态的主导者，而创业企业是平台生态的核心参与者，平台企业的战略目标须在其他创业企业的协同下才能实

现。创业企业基于自身发展中的资源匮乏属性选择加入平台生态，并依托其拥有的核心技术实现与生态参与主体竞争合作，推动彼此赋能与价值共创。

第一，创业企业的资源匮乏属性与参与平台生态的动机。对纳入平台企业主导型创业生态系统的创业企业而言，其拥有的创意或相关技术知识是加入平台生态的“通行证”，也是其核心竞争优势所在。然而，创业成功是以创新商业化实现为条件的，单一技术无法撬动价值链整体价值，要想实现创新商业化，必须配置与新技术互为补充的经营性资产，包括生产制造、管理、品牌、网络营销、售后服务等（王晓东和苏启林，2014）。在市场环境不完善的情况下，由于创业企业的“新生弱性”与“新进入缺陷”，使创业企业依靠自身力量难以获得创业成功所需的相关资源，最终会因内部资源限制与外部合法性缺失而导致高失败率，陷入创新与发展的瓶颈（韩莹，2020），因此，获取创业成功所需资源成为创业企业加入平台生态的根本动机。平台企业是拥有互补性资产的在位企业，其丰富的资源和身份信号效应，对创业企业具有极大的吸引力。通过加入平台生态，新创企业能快速获得互补性资产，并借助平台企业的声誉溢出，获取合法性。例如，在访谈中，多家创业企业的负责人均指出：“相比资金资源，我们选择加入平台的关键原因在于平台能够提供的其他资源，如流量、渠道、供应商、商业知识指导等，依靠我们自身的力量很难整合这些资源，而这些资源对于创业能否成功却非常关键。”

第二，创业企业之间的竞争合作关系。平台生态下，创业企业间既有竞争关系，也有合作关系，基于平台的竞争和共生是平台企业主导型创业生态系统的重要特征，也是生态发展的基本规律（Granstranda 和 Holgerssonb，2020）。对平台企业主导型创业生态系统而言，创业企业间存在两种竞争：一是内部资源的竞争，即对平台上人力、渠道、物流、供应链、资金等公共资源的竞争；二是外部市场的竞争，即同类型企业对市场及用户的争夺。适度的竞争有利于企业不断提升自身能力，为用户带来更好的产品和服务，并加大对平台资源的利用，谋划新的价值增长点，进而有利于整体生态的持续发展；而过度竞争或竞争不足都有可能降低平台生态的整体效率。因此，平台企业在进行治理时，应考虑如何引导生态内主体间良性竞争关系的形成。平台生态内创业企业间的合作关系体现在以下三个方面：其一，创业产品或业务间的相互促进作用，如小米生态链中多家公司的电池业务均来自生态链企业紫米公司的支持。其二，创业企业之间基于产品业务的相互引流，由于创业企业共享平台的品牌、声誉、流量，某一企业的产品成功上市将为平台生态引入新的用户群，增加企业收益，且这种收益在网络效应的影响下被更进一步放大；相反，某一企业的产品失败也会导致平台整体价值共毁行为，损害整体利益，基于此类利益共享、风险共担行为，将推动创业企业之间形成合作关系。其三，创业企业的资源反哺，包括创业企业的初始资源或衍生资源，这些资源将共同汇聚为供所有生态参与者使用的“资源池”，推动企业间合作。

③创业资源提供方。除了内层平台生态包含的平台企业与创业企业核心主体外，外层生态中的创业资源提供方、用户，以及外部环境也是平台企业主导型创业生态系统的重要组成部分。

创业资源提供方是指为平台生态内企业提供创业相关技术、产品、服务的提供商，是创业成功的背后支持力量，主要包括以下几类主体：

第一，供应商与渠道商。原材料、产品、技术供应商与渠道提供商是创业成功的重要支持者，也是推动创新商业化实现的关键力量。在平台企业主导型创业生态系统中，供应商与渠道商的主要来源包括：一是平台企业自身搭建和投资的相关企业，如小米自己投资建设的供应企业及小米本身的米家等销售渠道；二是与平台企业存在历史交易关系的企业，如京东、天猫等可以作为小米生态链产品的销售渠道；三是依靠平台企业的声誉而获取的供应商与渠道商；四是与创业企业存在合作关系的供应商与渠道商。

第二，大学及科研院所。大学及科研院所是技术和知识的重要来源，也是创业生态系统的关键成员，不仅能为创业企业提供高水平的知识技术与相关人才，还能为企业提供各种咨询培训服务，帮助企业解决在技术、知识、管理等方面的问题，攻克“卡脖子”技术难题。平台企业主导型创业生态系统通过与大学构建合作，能够获取大学的相关资源，如实验室资源、优秀人才推荐、导师资源等，极大地提升创业成功率。例如，美创平台就是由美的集团与浙江大学共同搭建的，且通过举办各种创新创业大赛，获得创意来源；美的集团还注重与世界名校间的合作，共同谋求对技术难题的攻克。

第三，政府及相关机构。在当前我国大力推动“双创”活动的背景下，政府成为创业生态系统构建的主要推动者。依托政府强大的资源调动与协调能力，能够推动各生态参与者之间的联系形成，助力创业生态系统形成与发展。同时，政府作为创业服务提供者与政策制定者，能在政策、税收等方面提供支持与优惠，进而推动创业成功。

第四，投资机构。投资机构是创业生态系统的重要参与者，能帮助创业企业解决资金方面的问题，使其专注于自身技术水平与创新能力的提升。对于平台企业主导型创业生态系统而言，平台企业投资创业企业是推动其共同利益目标实现的一大措施，而随着创业企业的发展，需要不断引入新的投资机构为创业企业的不同阶段提供资金支持。

第五，中介机构。中介机构包括律师事务所、会计师事务所等，在创业生态系统中起着服务创业活动的作用。

④用户。对终端用户的关注是平台企业主导型创业生态系统的主要特征之一（龚丽敏和江诗松，2016），用户是平台生态中重要的“边”。传统通信时代的用户只能作为被动的消费者，甚至常常受到厂商的“霸王条款”压制，而随着移动互联网时代的到来，竞争的焦点变为能否创新用户体验，用户已成为价值的共同创造者（孙耀吾和翟翌等，2013）。当前发展较为成功的平台企业主导型创业生态系统，如海尔集团、小米科技、韩都衣舍构建的创业生态系统，均有一个共同特征，即用户在推动创业各阶段中的关键作用。首先，用户是识别创业机会的源泉。无论小米还是海尔，其创业机会识别均来源于用户，基于用户使用产品中的“痛点”，进行产品创新，带动创业产生。例如，海尔平台上第一批小微企业中的雷神小微，其创业机会来源于雷神团队成员对京东后台与电脑相关的3万条用户评价数据的分析，整理得出13条关键的痛点需求，并基于其中能被解决的7条，创建了雷神小微。同样是海尔生态上的免清洗小微，其长期关注

用户抱怨的洗衣机“桶脏”、难清洗问题，创业团队运用社区论坛、微信、微博等各类线上渠道与用户交互讨论解决方案，进而整合研发、设计、生产等资源，推出“免清洗一代”洗衣机。机会开发阶段，免清洗小微持续引导广大用户零距离感受与体验洗衣机的“桶脏”问题，通过不断与用户互动完成产品销售，并向三级、四级市场推广免清洗产品。

基于平台强大的资源整合效应，能集聚创新创业相关载体，通过彼此赋能，推动主体间协同，实现“政产学研用”高度融合。除以上参与主体外，环境要素也是创业生态系统的重要构成部分，包含自然环境、文化环境、制度环境、市场环境等，创业企业能否成功与环境因素息息相关，在“双创”大力开展的环境下，社会整体对创业的接纳度较高，有助于提高创业成功率。

（2）平台企业主导型创业生态系统的特征

相比于其他类型的创业生态系统，平台企业主导型创业生态系统依托平台企业的基础资源，同时采取平台组织架构形式，集聚与整合创业相关资源提供方，并通过各主体间相互耦合推动系统整体效能提升，在此过程中，平台企业的治理机制是系统健康持续运行的制度保障。具体而言，平台企业主导型创业生态系统具有以下四个典型特征：

①平台企业基础资源支撑。在平台企业主导型创业生态系统中，平台企业往往由传统大型企业或新兴产业领域大企业转型而来，依托多年的产业发展经验及资源积累，此类企业通常具备雄厚的实力、良好的声誉和优势地位，丰富的产业资源为生态系统的搭建提供了基础性资源，有利于打牢平台建设的资源“底座”，提高平台企业主导型创业生态系统内创业企业的成活率。例如，小米和美的都有着多年的产业发展基础，并在此期间积累了丰富的产业资源，如供应链、用户、品牌、渠道等，且这些资源通常是可共享、可重复利用的，属于平台企业的“冗余资源”，其价值实现依托于新产品交付和市场化。平台企业将投入大量时间、精力与资金积累起来的有关产品设计、供应链管理、品质把控、营销渠道、用户群、品牌等互补性资源提供给创业企业，能将这些资源转化为收益，实现“用烤红薯的余温将其他物品烤熟”。

同时，其他类型的创业生态系统，如孵化器生态系统，较弱的创业服务能力是制约其发展的重要瓶颈，表现在服务同质化、专业人才匮乏、管理能力与创业经验欠缺等方面（武鑫和冯华，2021）。与此相比，平台企业拥有诸多无形资产，如丰富的市场开发经验、较强的企业管理能力、大量的市场与产品信息、充足的人才储备等，此类无形资产是企业生存和发展的关键稀缺资源，且其分享的边际成本很低，能够帮助创业企业提升自身能力。

由此可知，以平台企业已有产业资源作为平台生态搭建的"底座"，注重对平台冗余资源的重组与利用，是平台企业主导型创业生态系统的关键优势所在，丰富的产业资源基础有利于克服创业企业从"零"开始的冷启动问题。

②平台组织架构模式。平台企业主导型创业生态系统采取平台型的组织架构模式，通过多边架构将各种创业资源提供方与需求方连接起来，以创造出各方独自无法产生的价值（陈威如和徐玮伶，2014），并通过激发网络效应获取平台生态价值。其中，平台组织的多边架构通过模块化结构将创业企业与用户及创业利益相关组织连接起来，有利于突破时间与空间局限，实现资源的有效整合与匹配，还能消除价值链的冗余环节与低效环节，精准连接供需双方，极大提高产品交易效率（王节祥和蔡宁等，2015）。同时，平台架构大大增强了组织间的开放性程度，通过搭建平台，以打造创业孵化生态为目标，能打开传统孵化载体相对封闭的创新体系，实现向开放式组织系统转型，吸引用户等创业相关的互补性资源提供者进入平台生态，提高组织对环境的应变能力。另外，平台型组织架构具有网络效应，当平台参与主体数量突破激发网络效应的临界规模时，其他创业企业或创业资源提供方必须加入平台才能获取更大的收益（王节祥和蔡宁等，2015），这将自发推动平台生态参与者数量呈指数级增长，促进所有参与者实现共赢。因此，激发网络效应是平台生态价值获取的关键。本案例研究中的小米生态链与美创平台均运用了平台化的组织架构模式，以模块化的结构将创业相关方纳入平台生态，改变了传统封闭式的组织结构模式。

由此可知，平台模式的多边架构有利于开放式组织模式构建，吸引创业企业及用户、创业资源提供者等多主体进入，促进主体间资源整合，消除价值链内的冗余环节，提高交易效率。同时，激发网络效应能够使平台生态参与者获得更大的价值收益，为平台企业主导型创业生态系统的成功运作提供组织结构支撑。

③生态参与主体间耦合。与一般价值共创强调用户参与不同，平台企业主导型创业生态系统更关注平台企业与创业企业，以及创业企业之间互补协同、共生依赖的关系（钟琦和杨雪帆等，2020），主体间相互依赖、相互影响的耦合关系是推动平台生态持续性发展、共生共荣的关键动力。从小米生态链与美创平台的案例看，平台企业与创业企业，以及创业企业之间具有基于企业发展战略、能力与目标依赖、业务优势互补的共生依赖关系。小米生态链布局的目标是通过与一批创业企业合作，打造“爆品”，以抓住物联网时代发展的风口，布局生态链，获取企业持续竞争优势；创业企业加入小米生态链则是希望借助小米丰富的资源与创业孵化方面的优秀经验，获得创业成功，无论平台企业还是创业企业，彼此战略的实现都依赖于对方的成功。同时，小米生态链在产品设计、制造、营销、创业管理方面拥有较强的能力，但对新产品开发缺少技术或精力欠缺；创业企业则拥有新技术的知识和技能，却缺少相关的互补性资产，彼此间形成优势与劣势互补的强依赖关系。另外，小米生态链的业务布局包括四个圈层，以手机为核心，围绕手机周边、智能硬件、生活耗材布局生态链，“这种布局方式使外界将小米称为‘杂货铺’，然而，生活耗材的业务布局可以增加用户黏性，对冲科技行业波动，帮助小米生态链获得持续的流量引入”，各企业间的业务相互依赖，共同维护客户源。正如 A1 创业企业负责人所说“小米的目标客户是 18 岁到 35 岁的‘理工男’，他们对产品的质量要求较高，爱好科技、拥有一定经济基础，小米的业务布局模式使他们能在小米实现‘一站式购物’，所以各业务间是相互引流的补充关系”。在美创平台内同样体现了创业企业与平台企业及其他创业企业之间的依赖关系，美的集团希望通过创业企业的成功拉长企业产品线，快速赢得市场；创业企业则希望借助美创平台的资源实现产品成功商业化与市场化，彼此间战略目标相互依赖，且通过业务互补推动生态整体发展。例如，B2、B3

企业管理人员均提到“我们企业和平台及其他企业之间存在着密切的关系，因为本企业要想成功必须依赖其他企业的成功共同提升平台品牌与声誉，所以我们之间更像是兄弟企业的关系”。

由此可知，在平台企业主导型创业生态系统内，创业企业与平台企业及其他创业企业之间基于在技术、资源与能力等方面存在的高度互补性与相互依赖性，以及源于品牌、声誉等共同依赖互补性资产的耦合效应，推动了平台生态主体间高度一体化，使各主体既相互协作又相互制约，并形成系统整体性，这是平台企业主导型创业生态系统“生态性”的核心体现，也是区别于其他类型创业生态系统的关键绩效来源。而从生态参与者个体的角度看，创业企业是重要的平台生态参与主体，其与内层生态参与者间的耦合程度是其生态参与者身份的重要体现，也是其能否获取生态赋能的关键因素。

④平台治理机制对生态系统健康运行的作用。共演化和自适应是生态系统的重要特征，因此对平台企业主导型创业生态系统的治理既要保持组织间的独立性，又要实现推动价值共创的效果。同时，组织间模块化松散耦合的架构模式使平台生态参与者的关系介于市场关系与层级治理之间，这意味着传统的层级治理机制在生态系统治理中并不适用，需要特殊的治理机制与之适应。在平台企业主导型创业生态系统的治理机制中，既有依托组织间耦合关系形成的、以维护共同利益为目标的“自治”，也离不开依托相应治理规则与制度形成的“他治”。平台企业是平台治理规则的主导者，设计激励相容的平台规则提升平台生态参与主体之间协同共治、良性竞争与合作的关系是其重要职责，且其治理效果将直接影响平台企业主导型创业生态系统价值共创的成效。在小米生态链和美创平台的案例中，平台企业均制定了约束生态参与者行为的管理条例，包括平台入驻与退出的机制、企业间开展商务活动的管理条例、违规行为的认定与惩治协议等，这些正式治理机制对规范参与者的行为起到了积极作用，既能强制性约束创业企业的策略性行为（即有利于自身，不利于平台的行为），也能制衡平台企业的垄断地位，用制度与条例的形式对平台企业支持创业企业的措施进行规制，因而有利于提升创业生态系统内部的资源协同能力。

(3) 平台企业主导型创业生态系统的功能

平台企业主导型创业生态系统通过平台组织架构将内外层生态参与者集聚与整合，各参与者协同合作进而能推动主体间实现价值共创，对创业企业赋能，具体而言，其功能可归纳为以下两个方面：

①资源汇集与整合。通过平台架构连接和整合资源供需方是平台企业主导型创业生态系统商业模式创新的体现，多边架构和网络效应推动平台成为高级形态网络，创业企业嵌入平台生态能获得与创业资源提供方的联系，积累社会资本。具体而言，平台企业主导型创业生态系统中的资源提供方与用户的来源主要包括以下类型：第一种资源是平台企业积累的强大的产业资源，包括平台企业自身拥有或保持合作关系的供应商、渠道商、服务机构等，以及依托平台企业原有产品获取的用户群，这类资源是平台生态中最重要的资源板块，也是吸引创业企业加入的"基础性资源"，有助于打牢平台企业主导型创业生态系统构建的底座。正如小米生态链中多家创业企业负责人提到的"最初吸引我们加入小米生态链的是小米的稳定客户群及流量"。第二种资源是通过搭建平台组织架构，为创业企业及相关创业资源提供方提供连接载体与交易媒介，发挥资源枢纽作用吸引而来的创业资源提供方及用户。同时，由于平台生态的网络效应，将导致"赢者通吃"的马太效应，进一步扩大生态参与者规模，此类资源是借助平台组织的多边架构与网络效应吸引而来的"核心性资源"。第三种资源是基于平台企业的声誉身份效应带来的"衍生性资源"，如调研中多家创业企业负责人提到的："加入平台带给我们的额外收获是，借助平台企业的信用背书，我们能够同世界上更多的优质供应商合作，这是我们凭借企业自身力量无法实现的。"第四种资源是创业企业自身拥有的，或其发展过程中拥有的资源提供商或用户资源，属于创业企业的"反哺性资源"。平台具有强大的资源整合能力，多方资源提供者的集聚推动平台企业主导型创业生态系统成为孵化创业企业的"温室"（朱勤和孙元等，2019），嵌入生态的创业企业不仅能与价值链上游的供应商、制造商、设计者联系，还能建立与价值链下游用户、渠道商的联系，并实现创业企业需求与平台生态资源间的精准匹配与有效对接。通过资源汇集与整合机制，平台企业主导

型创业生态系统能发挥推动创业企业与创业利益相关者联系的“桥梁”作用，像火箭发射的“助推器”一样，帮助创业企业快速获得资源，推动创业活动顺利开展，为创业企业赋能。

②价值共创与共赢。平台企业主导型创业生态系统战略的独特之处在于各参与者间通过共同演进、共同专业化实现价值共创，价值共创是平台企业主导型创业生态系统的重要功能。平台企业搭建平台的目的是使各类资源聚集，并通过参与者间的耦合，将资源转为经济利润，因此，平台企业主导型创业生态系统不仅是资源流通平台，更是利益共享平台，其本质是 1 +1 >2 的协同价值，是不同创业主体从资源整合到资源升华的共同努力结果（成琼文和赵艺璇，2021）。在互联网、大数据等数字技术的驱动下，平台在生态联结、互动促进、交易成本降低等方面的功能得到很大程度释放（刘家明和耿长娟，2020），通过整合各方资源发挥组合优势创造价值（张丹和刘晨星等，2020），能够实现对传统企业、产业边界的破坏，通过“抱团取暖”式协作促进整体生态共赢，进而提升各参与者的价值。与此同时，创业企业的加入也弥补了原有平台生态的功能缺失（王节祥和陈威如等，2021），并进一步提升了生态的整体价值。例如，在小米生态链和美创平台内，平台企业以及创业企业之间通过共享资源与品牌、传授知识与经验等方式，能够实现共同解决难题、提高彼此能力的目标，进而提升创业成功率。同时，小米生态链及美创平台内创业企业产品销售收入的提高同样能提升整体生态产品的市场占有率，并基于平台各主体间的共享式架构与业务互补，为用户提供更好的、个性化的产品与服务。

由此可知，在平台企业主导型创业生态系统内，各参与者间的有效协同，有利于将企业间的竞争合作模式转为生态系统主体间的共荣共损模式，从“捕食共生”到“互利共生”，进而提升系统整体效能，实现价值共创。而在此过程中，基于成员间相互依赖的耦合关系形成的互动是价值共创过程实现的关键因素（周文辉和陈凌子等，2019），它能推动主体间交汇融合，使平台企业与创业企业间互为利益共同体、命运共同体、事业共同体，帮助平台生态整体实现价值共创与共赢。

综合以上分析，可绘制平台企业主导型创业生态系统的特征与功能示意图如图 3－2 所示。

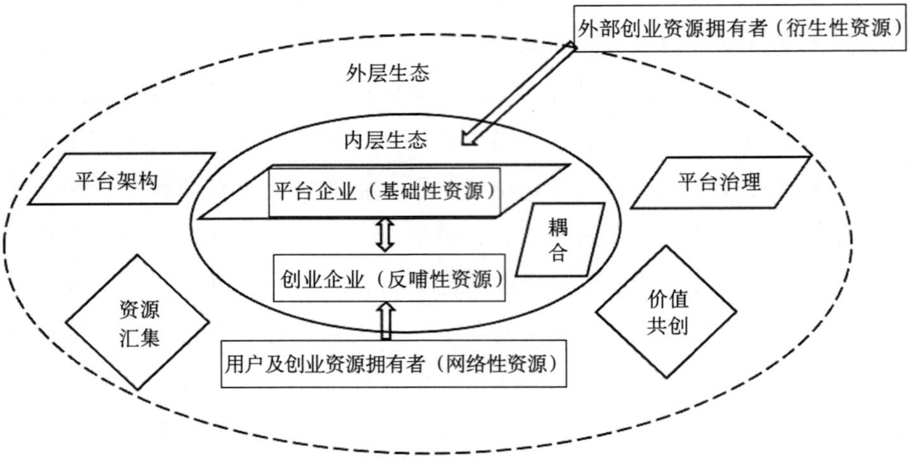

图 3－2　平台企业主导型创业生态系统的特征与功能示意

注：平行四边形代表特征；菱形代表功能。

3.3.2　耦合类型及价值共创实现机理

根据前文的研究和案例分析可知，创业企业与平台企业，以及创业企业之间的耦合关系是平台企业主导型创业生态系统的重要特征，也是推动平台生态价值共创功能实现的关键动力。蔡莉和彭秀青等（2016）的研究指出，共同逻辑、专业和互补是主体间共生耦合形成的三个基本条件，这体现了主体间基于文化价值观的耦合及资源与能力的耦合，同时，因平台组织架构推动的主体间物理系统耦合也是平台生态的重要特征。因此，结合已有研究并综合两个案例的实际情况，本研究提炼出平台企业主导型创业生态系统下，推动主体间耦合关系形成的三个主要要素，即文化价值耦合、互补性资产耦合、物理系统耦合。

（1）文化价值耦合

文化价值耦合表现为主体间拥有相同的价值观、共同的愿景目标、相似的行为规范，可将其视为平台参与者之间存在的隐性非正式契约关系。

创业企业囿于资源和规模限制，容易陷入短期回报陷阱，做出与平台生态发展目标相悖的行为，损害平台生态的整体利益。因此，只有与平台企业的产品观、价值观保持一致的创业企业，才能共同实现共建生态的目标。调研中发现，在小米生态链及美创平台内，创业企业管理者都多次提到：相似的价值观是企业间建立合作与保持信任关系的前提，小米选择生态链企业的标准和依据便是对这一准则的最佳注解。认同小米的价值观是小米生态链选择创业团队的重要依据，只有认可其价值观的团队才能被纳入其生态链内，享受其提供的资源支持。小米坚持用“找老婆的标准寻找合作伙伴”，并认为“只要价值观一致，最终总能到达共同的终点”。美创平台内的三家创业企业（B1、B2、B3）也同样认为：“对美的集团价值观的认可是推动企业加入美创平台的原因，且这种共同价值观有助于企业间合作。”

（2）互补性资产耦合

互补性资产是与新技术商业化密不可分的各种资源与能力，包括专业化制造能力、技术、服务、分销渠道等（吴晓波和朱培忠等，2016）。创业孵化型平台企业相比其他类型平台企业的主要特征是其拥有丰富的对创业企业商业化实现至关重要的互补性资产。通过案例研究发现，获取平台生态内的互补性资产是创业企业加入平台生态的初始动机，创业企业与平台企业以及创业企业之间基于对互补性资产的依赖形成较紧密的耦合关系。例如，调研中，小米生态链及美创平台内的多家创业企业负责人均提到：“最初吸引我们加入平台生态的动力来自平台的销售渠道能帮助我们快速获得流量，而加入后平台在供应商、管理知识培训、产品标准、品牌授权等方面提供的帮助更是推动了我们企业的快速发展。”

平台企业主导型创业生态系统内，生态主体间互补性资产耦合的形成机理如图 3 – 3 所示。第一，互补性资产耦合是推动内层生态主体间耦合关系形成的原动力，是基于主体间利益需求形成的共生耦合。平台企业搭建平台生态及创业企业参与平台生态的原动力在于两者间的能力与目标互补。对平台企业而言，创业企业具备专注单一领域的核心技术，能够帮助平台企业实现其生态战略布局，共同为平台生态引流，同时可降低平台企业因自主研发导致的高成本、低效率。对创业企业而言，核心技术的商业化必须依赖于互补性资产，甚至是否拥有互补性资产会决定创业收益的分配。平台企业依托其产业运作经验与背景，拥有包括供应链、渠道、服务体系在内的生产与销售渠道，以及相关的产品、市场与企业管理知识，借助平台资源支持，将推动创业企业短时间内快速成长。例如，在机会识别阶段，平台能为创业企业提供资金、平台性资源、战略方向、业务论证和可行性建议、建立企业发展机制等；在机会开发阶段，平台企业为创业企业提供宏观决策建议、共享平台品牌优势、提供学习机会和进行能力培养，帮助其解决具体问题；在新企业成长阶段，平台企业助推新企业吸引风投资源。因此，基于资源优势互补，有助于推动创业企业与平台企业及其他创业企业的耦合关系形成。第二，互补性资产耦合的互强化效应。尽管互补性资产耦合的形成最初来自于创业企业对平台企业资源的单向依赖，随着创业企业的不断发展，创业企业也会为平台生态引入资源，提升主体间的相互依赖程度。例如，创业企业产品的上线销售，有助于平台企业布局其生态系统，扩大战略版图，同样，通过创业企业的产品引流，能实现维持平台企业原有的品牌热度、扩大用户群等好处。互联网经济的本质是流量经济，创业企业之间以及创业企业与平台企业间基于流量互引的共同目标容易形成相互依赖、相互影响的紧密耦合关系。

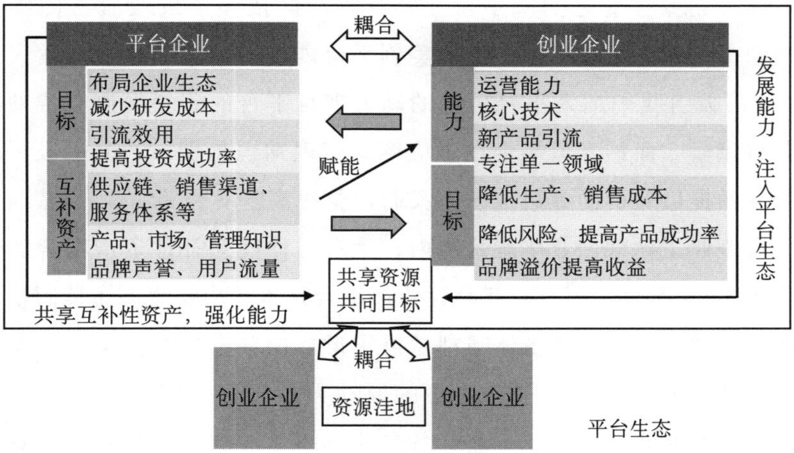

图 3－3　平台生态主体间的互补性资产耦合机理

综上所述，从互补性资产视角看，创业企业与平台企业，以及创业企业之间耦合关系的形成来源包括共享资源与共同目标两个方面：一方面，随着新创企业的发展，创业企业自身也拥有获取和维持互补性资产的能力，这些资产将作为新的资源注入平台生态，实现对平台生态的反哺，推动平台“资源洼地”的形成。因此，对于创业企业而言，其成功商业化所需的互补性资产来源既有平台企业，也有平台内的其他创业企业，推动基于共享资源的耦合关系形成。另一方面，平台生态所拥有的互补性资产包括如品牌声誉、流量在内的共同依赖互补性资产，此类资产具有较强的双边依赖特征，需要合作双方共同维护。品牌声誉好，将为所有生态参与者带来收益，引入流量；声誉差，则会影响所有参与者的社会认可度。因此，共同依赖互补性资产的存在，导致各生态参与者之间相互依赖性增强，促使主体间共同目标的形成，推动基于共同目标的耦合关系形成。

（3）物理系统耦合

物理系统，指平台企业构建的网络平台和有形载体，包括特定的仪器设备、网络信息技术、模块架构规则和程序等，是一系列构建模块相互作用的机制设计，也是主体间耦合关系形成的“共生界面”，能把处于不同地理位置的各类主体联合到同一个生态系统内（Muegge，2011），并为主体间物质、信息、能量和价值的交换提供通道（高钰莉，2016），是平台企业主导型创业生态系统内价值共创实现的必要工具和载体。

无论在小米生态链还是美创平台内，平台企业通过打造不同功能和参与者的网络平台，能推动生态系统内主体间的交互，包括与用户连接的平台、与供应商连接的平台等，而这些物理系统作用的发挥，依赖于平台生态主体间在硬件、软件、平台工作程序方面的匹配与兼容，即必须实现物理系统耦合。物理系统耦合通过标准化接口，将平台生态参与者组成的松散模块整合到各类网络平台界面，实现主体间交互，降低协作成本，提升交流与决策效率。且基于平台的系统架构规则，能有效解决界面各方在专业分工与协作需求间的矛盾，为主体间互动提供制度性、标准化的规则，保障参与主体的合法性权益不受侵害。

（4）耦合推动价值共创实现的机理

在平台企业主导型创业生态系统中，平台企业基于其战略布局与创业企业合作，主体间资源高度互补、战略目标兼容，为双方合作创新提供了现实基础（李平和蒲晓敏等，2019）。在这种合作关系中，创业企业关注价值链上游活动，平台企业关注价值链下游活动，通过耦合关系的形成，能使各方平台生态参与者都获取利益，实现价值共创。

在周文辉和陈凌子等（2019）学者的研究中，识别了价值共创的四个阶段，即“价值共识—价值共享—价值共生—价值共赢”，且认为这四个阶段分别对应主体间的四种关系状态，即“交流—交换—交互—交融”。本研究借鉴此分析思路，认为在平台企业主导型创业生态系统中，主体间价值共创的实现也需要经过此路径的发展，如图 3－4 所示。其中，交流是主体间合作的基础，指有共同的语言，对彼此的行为认可，这取决于主体间的文化价值耦合。共同的价值观能推动主体间建立“英雄所见略同”的认同感和推动彼此间的惺惺相惜，从心理上接纳对方，愿意与对方进行合作，并相信对方会将平台整体利益作为其发展的目标，推动共赢，而不会采取损害整体利益的机会主义行为。交换是指主体间对各自拥有的资源进行分享的过程，无论是平台企业还是创业企业，构建和加入平台生态的初始动机都是获得战略发展或创业成功所需的资源。对于创业企业而言，其拥有的创意或新技术知识是被平台企业青睐而纳入平台生态的基础，而获得创业成功所需的资金、供应链、品牌、渠道等资源是其加入平台的根本动力。因此，创业企业与平台生态主体间的互补性资产耦合是平台生态对创业企业赋能的关键因素。交互是平台生态参与者之间高频率、高强度的价值创造过程，其实现依赖于物理系统耦合。在平台企业主导型创业生态系统中，新产品的研发及上市都是由多主体交互式合作共同完成的，主体间交互的实现离不开物理载体支持，在网络环境下，平台企业基于信息技术构建虚拟的网络平台，使各参与者能深度嵌入平台的各项活动中，提高资源交换及信息交互的效率（李雷和朱钱晨，2019）。在价值观耦合、互补性资产耦合、物理系统耦合的推动下，能促使主体间形成相互依赖、相互影响、共生互生的耦合关系，最终实现价值共创。

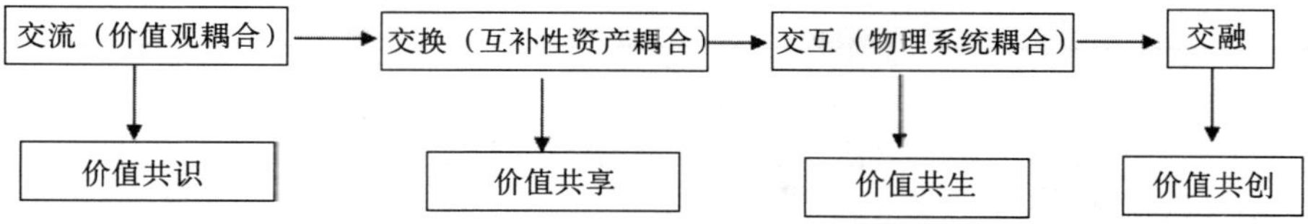

图 3－4　耦合推动价值共创的机理

资料来源：根据周文辉和陈凌子等（2019）的文献修改。

基于以上分析，本研究提出以下研究命题：

命题 1：在平台企业主导型创业生态系统内，创业企业与平台企业及其他创业企业间耦合对创业企业绩效有积极影响。

3.3.3　主体间耦合影响创业绩效的作用机理

本研究第 3.2 节分别对小米生态链及美创平台这两个典型的平台企业主导型创业生态系统及其入驻创业企业进行了案例内研究，对创业企业与平台内层生态主体间耦合（文化价值耦合、互补性资产耦合、物理系统耦合）、创业企业社会资本（结构社会资本、关系社会资本），以及平台企业正式治理等变量进行了客观描述，并探索了各变量间的关系并对其进行了分析。然而，受单案例结论特殊性的限制，难以获得一般性研究结论，因此须进行多案例对比，从而得出异质性结论。本研究根据访谈中每个受访者对各变量及其关系的看法，对各变量进行评价打分，并结合被访谈者与专家的意见，用"很高""较高""中等""较低""很低"五个级别表征各变量从高到低的水平。在各平台生态案例内分析的基础上，对各变量间关系进行横向跨案例比较与分析，可得到各变量的汇总信息如表 3－3 所示，并基于此进一步探索各变量之间的关系。

表 3－3　跨案例分析结果汇总表

项目		小米生态链			美创平台		
		A1	A2	A3	B1	B2	B3
耦合	文化价值耦合	很高	较高	很高	较高	中等	中等
	互补性资产耦合	很高	很高	较高	较高	较高	中等
	物理系统耦合	较高	较高	较高	中等	中等	中等

续表

项目		小米生态链			美创平台		
		A1	A2	A3	B1	B2	B3
社会资本	结构社会资本	很高	很高	较高	较高	中等	中等
	关系社会资本	很高	较高	较高	中等	中等	较弱
平台正式治理		较高	较高	较高	中等	中等	中等
创业企业绩效		很高	较高	较高	较高	一般	一般

(1) 耦合与社会资本的关系

在平台企业主导型创业生态系统内，内层生态参与者之间相互影响、相互依赖的耦合关系使系统具有更强的整体性，主体间形成一种超越企业间合作的协同组织模式，在该模式下，基于主体间的共生、互生关系，将形成共同的目标，进而推动各主体产生协同作战的意愿，使创业企业与平台企业及创业企业之间频繁联系。从外层生态系统看，平台企业主导型创业生态系统将诸多创业资源提供商及用户纳入系统，他们都是对创业成功有重要影响的参与者，创业企业加入平台生态系统，能够快速有效地与各类资源提供商及用户建立联系。这些观点在本研究的探索式案例中得到验证，如表3-3的结果所示，无论小米生态链企业，还是美创平台的创业企业，基于与平台企业及其他创业企业间的耦合关系，都有助于他们与其他创业活动相关主体建立联系，并增加从他们那里获取创业所需资源的可能性。

第一，创业企业与平台企业主导型创业生态系统内层主体间的耦合关系与创业企业结构社会资本。从表3-3的探索性案例结果中可以看出，主体间耦合的三个维度对于创业企业结构社会资本的形成有影响。首先，文化价值耦合强调主体间价值观一致，根据“物以类聚、人以群分”的原则，拥有相同价值观的主体间更容易形成产生联系，并愿意将自己所拥有的社会网络关系推荐给对方，成为推动创业企业与其他资源拥有主体关系产生的媒介。在探索性案例研究中，小米一再强调价值观一致在其筛选生态链合作企业中的重要作用，A1、A2、A3企业只有认同并能实践小米的价值观，才能获得与各类资源供给者联系的机会。其次，互补性资产耦合强调创业企业、平台企业拥有对方发展所需的互补性资产，这意味着只有共同协作，才能实现整体利益最大化。同时，随着创业企业加入平台生态，平台生态中重要的互补性资产如品牌、声誉、用户等，成为共同依赖互补性资产，创业企业从对互补性资产的单边依赖发展为双边共同依赖，为了维护平台生态较高的合法性，平台企业与创业企业都倾向于最大化调动自身拥有的资源推动相互成功。例如，无论是在小米生态链还是美创平台内的创业企业（A1、A2、A3、B1、B2、B3），都会获得来自研发、制造、管理、销售、渠道等方面的资源支持，平台企业管理者认为“我们平台赖以生存的声誉等关键资源都是共同使用的，只有大家都好，整个平台才会有未来，所以我们会给予创业企业最多的专业化帮助，包括搭建创业企业与供应商、投资机构等之间联系的桥梁，推动合作关系形成。我们集合最优质的团队，大家各司其职，各自完成自己最擅长的部分，这不仅是帮助创业企业，更是帮助我们自己”。最后，物理系统耦合为创业生态系统各主体间的集聚与交流提供了必要的载体，能够高效地集聚创业资源提供商，并基于界面设计推动彼此间有效沟通的实现。例如，小米和美的都建立了不同目标的平台，运用数字化网络技术，可以将全球顶尖的科研机构、优质的供应商、大量用户等集聚在平台上，打破空间与时间的限制。同时，通过系统界面设计，创业企业可以便捷地与各资源提供方或用户形成有效沟通，例如，依托美创平台上精确的供应商分级系统，创业企业 B1、B2、B3 可不经过原有的繁琐招投标流程便与合适的供应商建立合作关系。

第二，创业企业与平台企业主导型创业生态系统内层主体间的耦合关系与创业企业关系社会资本。从表 3－3 探索性案例研究的结果看，主体间耦合的三个维度对创业企业关系社会资本的形成具有积极影响。首先，相同的价值观使合作主体间产生相互认同感，能够对对方的行为进行预测，相信对方不会因为短期的利己行为而损害整体利益，推动彼此间信任的产生。例如，小米生态链的管理者认为“小米坚持不赚快钱、品质第一，我们选择价值观相同的企业加入小米生态链，只要价值观一致，相信他们不会为了短期的利益做出有损生态链利益的事”。其次，平台生态主体间共同依赖互补性资产的存在增加了彼此间的双边依赖性，使各主体成为利益共同体，任一参与者的机会主义行为最终会导致整体利益的“共毁”，优质的产品和服务能推动平台生态“共荣”，基于此，主体间能够产生信任，并愿意为其他参与者提供帮助。例如，在案例平台生态中，由于支撑平台发展的品牌、声誉等重要资源具有公共属性，使创业企业（A1、A2、A3、B1、B2）更愿意相信其他平台参与者不会做出损害自己利益的行为。最后，依托平台的物理系统载体与界面设计，能推动平台生态参与主体间的有效互动与信息共享，减少信息不对称，同时，根据系统设计规则，各参与者可以选择将自身拥有的与商业机密无关的信息与资源进行分享，降低对其他参与者采取机会主义行为的担忧，增加主体间的信任感。

基于上述分析，本研究提出如下研究命题：

命题2：在平台企业主导型创业生态系统内，创业企业与平台企业及其他创业企业间耦合对创业企业社会资本有积极影响。

（2）创业企业社会资本与绩效的关系

对于受到资源约束的创业企业而言，发展与创业资源拥有者之间的关系是提升创业成功率的重要渠道。从表3-3探索性案例研究的结果看，创业企业社会资本与创业企业绩效的关系表现出一定的规律性。

第一，结构社会资本对创业企业绩效的影响。平台企业主导型创业生态系统由平台企业主导搭建，将创业企业、相关创业资源提供者（如大学、科研院所、政府、投资公司、供应商、渠道商等）、用户等主体集聚，形成关系网络，以共同推动创业成功。对创业企业而言，与平台生态参与者之间的关系形成能弥补其资源缺陷，为创业成功提供支持。在本研究的探索式案例中，无论是小米生态链企业还是美创平台内的创业企业（A1、A2、A3、B1），通过与平台生态内的各参与者形成频繁的互动交流关系均能推动其创业成功。与平台企业的互动交流，有助于获得平台企业在产品生产与制造方面的经验。例如，小米依托多年的产业发展经验，形成了一套强调看透产品本质的创业方法论，认为要看透产品内核才能打造“爆品”，推动创业成功。因此，小米会对生态链内的创业企业进行培训，以避免其“走弯路”。平台内的创业企业与资源提供商形成持续、稳定的合作，能够压低价格，并且获得更优质的产品和服务；与其他技术和知识提供者的联系能够帮助创业企业解决技术问题，促进产品优化；与用户保持联系能够为创业企业提供创意来源，推动基于用户需求的创意产品出现，提高创业绩效。

第二，关系社会资本对创业企业绩效的影响。创业企业关系社会资本主要体现在对合作者的信任、承诺等方面，信任表现为一种信念，即企业不会以损害交易伙伴的利益为代价谋取私利，因此有利于企业间合作绩效的提升。当主体之间彼此信任时，可以降低因防范对方机会主义行为而产生的成本，提高资源分享的意愿，且主体间的信任关系能提高平台生态对失败的容忍度，营造更好的创业氛围。在探索性案例研究中，多家创业企业（A1、A2、A3）提到，在平台生态内，各参与者间是“兄弟企业”的关系，彼此的信任感很高，致使各企业间的合作意愿较高。由于彼此信任，相信对方不会损害自身利益，并且愿意为其他企业的成功提供帮助，形成“胜则举杯相庆，败则拼身相救”的相互支持，推动了整体平台生态内形成较为浓厚的创业支持氛围，有利于创业的成功。

综上，创业企业的社会资本通过推动创业企业与利益相关者建立联系，且推动主体间信任关系，能帮助创业企业从平台生态其他参与者处获取创业资源、获得战略支持与团队支持、快速识别创业机会，进而推动创业绩效的提升，如图 3 -5 所示。基于此，本研究提出以下命题：

命题 3：在平台企业主导型创业生态系统内，创业企业社会资本对创业企业绩效具有积极影响。

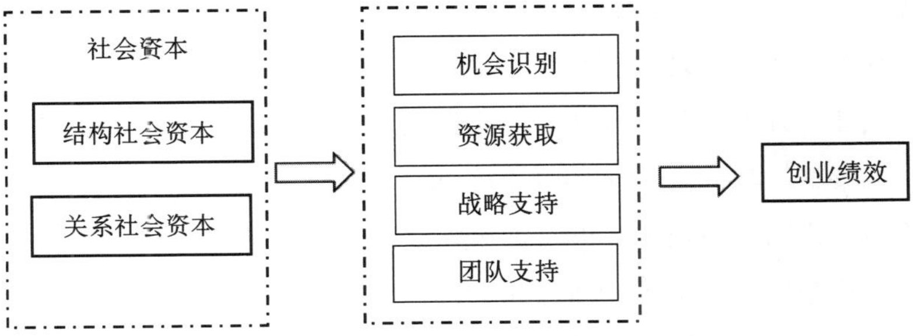

图 3 -5　创业企业社会资本影响创业企业绩效的机理

（3）平台正式治理的调节作用

在平台企业主导型创业生态系统情境下，创业企业与各相关主体间形成一种超越市场关系与企业层级关系的创业网络组织模式，网络中各节点间既存在有利于系统整体发展的合作协同关系，也存在可能导致冲突的竞争关系。如何实现生态整体利益与各节点组织个体利益之间的持续辩证统一，推动价值共创，避免价值共损，是平台生态治理的重要目标。平台企业是生态系统的主导者、规则的设计者，战略性引领平台生态的创新创业行为是平台企业的最重要使命。对平台生态的治理主要包含基于契约的正式治理与基于关系的非正式治理两种，本研究通过探索性案例发现，平台企业的正式治理对平台生态内创业企业的创业活动有影响。

第一，平台正式治理对耦合与创业企业绩效关系的影响。在平台企业主导型创业生态系统内，平台正式治理是指平台出台正式的规则、契约，包括各参与者的进入退出规则、平台仲裁、奖惩、平台扶持等管理措施，目的是对平台内参与者的行为进行规范与约束。这些正式治理机制的存在将弥补单纯依靠关系治理的不足，制约各合作方利用信息不对称谋求私利的行为，避免因平台价值共毁导致的创业企业绩效受损。例如，小米生态链因小蚁科技运动相机质量问题造成的用户信任危机就是典型的例子，它不仅导致用户对小米品牌失去信任，在生态系统整体耦合关系的作用下，还使平台内其他企业的绩效同样受到影响。基于此经验教训，小米进一步完善了对平台参与者的正式契约规制，减少此类行为的不良影响。同时，平台企业在创业团队选择、产品定义、产品测试与营销、绩效评估等环节掌握主导权，正式治理机制对平台企业支持创业企业的方式进行了规划，为平台企业有计划性地支持创业企业提供制度保障，能强化耦合对创业企业绩效的影响。从表3-3的跨案例研究结果中可以看出，小米生态链的平台正式治理机制较美创平台更完善，耦合关系导致的主体间利益共同体在正式治理机制的约束下将降低机会主义行为发生的可能性。因此，本研究认为，在平台正式治理水平较高的情况下，耦合对创业企业绩效的影响更明显。

第二，平台正式治理对耦合与社会资本关系的影响。平台企业的正式治理机制以契约的形式对参与者的行为进行规范，为参与者间的商务活动提供了制度性保障，因而能增加参与者之间联系的意愿与提升信任水平，推动参与者社会资本的形成。从形成社会资本的要素看，主体间耦合有利于社会关系的形成，且满足激活社会资本的“机会—动机—能力”三要素，而在平台正式治理机制较完善的情况下，正式契约将引导生态参与者更好地进行交互，平台企业在其中的中介作用也将进一步推动主体间关系的形成，且能引导各主体间的良性竞争，为主体利益受损后的维权行为提供制度保障，因此，有利于强化主体间社会资本形成的机会、动机、能力。这些观点在探索性案例中也得到验证，从表 3－3 的跨案例研究结论中看出，在平台正式治理水平较高的情况下，耦合对结构社会资本与关系社会资本的影响更强。基于此，本研究提出以下命题：

命题 4：在平台企业主导型创业生态系统中，平台正式治理影响着耦合与创业企业绩效间的关系。

命题 5：在平台企业主导型创业生态系统中，平台正式治理影响着耦合与创业企业社会资本间的关系。

（4）整体研究框架

本研究主要关注平台企业主导型创业生态系统内，创业企业与内层生态主体间耦合对创业企业绩效的影响及其作用机理。根据案例分析结果可知，由平台企业与创业企业构成的内层生态是平台企业主导型创业生态系统的核心层，内层生态参与者间耦合推动的较高系统整体性是平台企业主导型创业生态系统对创业企业赋能的关键。第一，通过耦合，能促使各主体集聚自身优势资源，推动主体间实现共生共赢。作为内层平台生态的核心参与者，创业企业与平台企业及其他创业企业间的耦合是决定系统整体耦合程度高低的重要基础；而从单个创业企业的角度看，与内层生态参与者间的耦合是其平台身份的重要体现，也是其获得平台赋能的关键因素。具体而言，从耦合要素上看，本研究将创业企业与平台企业以及创业企业之间的耦合分为文化价值耦合、互补性资产耦合、物理系统耦合，各类耦合方式通过不同机理实现对创业企业绩效的积极影响。第二，社会资本是促进创业企业绩效提升的重要枢纽，资源有限性是制约创业企业发展的重要瓶颈，借助社会资本获取创业资源成为创业成功的一条捷径。创业企业与平台企业主导型创业生态系统内层生态主体间的耦合能撬动创业企业社会资本的形成，进而提升创业成功的可能性。第三，平台正式治理能够强化耦合与创业企业社会资本及绩效间的关系。平台生态的良性持续运作离不开平台治理，平台正式治理机制能够为主体间共生共赢提供强制性的制度保障，推动整体生态参与者实现价值共创，避免因机会主义行为导致的价值共损，进而提升耦合对创业企业的影响效果。

本研究主要针对当前我国“双创”环境下存在的“孵化难”“创业难”的问题，传统创业孵化载体孵化率低，而平台企业主导型创业生态系统孵化率高的现实情境出发，揭开平台企业主导型创业生态系统对创业企业赋能的“黑箱”。在当前有关创业的研究中，调侃性地归纳了合作创业的四部曲：“同舟共济—同床异梦—同室操戈—同归于尽”。本书借鉴此思路，认为在平台企业主导型创业生态系统情境下，各主体间的合作将逆转此四部曲，推动价值共创实现，具体的论证思路如图 3 - 6 所示。其中，创业企业与内层平台生态参与者之间的耦合关系能够使平台生态的核心层结成命运共同体，避免“同床异梦”的问题，平台正式治理能有效避免创业企业之间因短期机会主义行为导致的“同室操戈”“同归于尽”问题，并通过形成社会资本实现“同舟共济”，推动平台整体共赢，进而提升创业绩效。

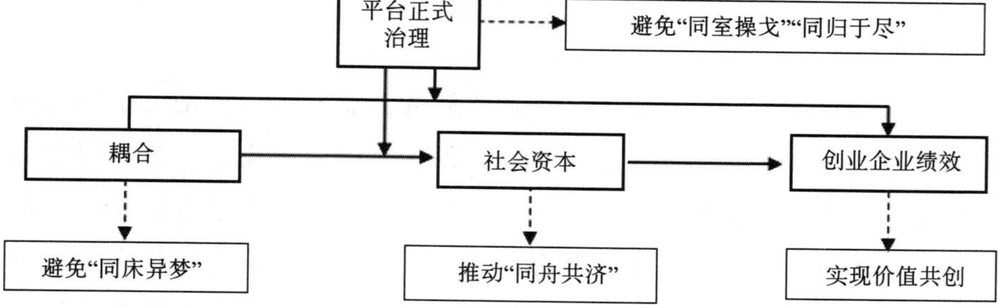

图 3 - 6　本研究论证思路

3.4　本章小结

平台企业主导型创业生态系统在创业企业孵化方面成效显著，而对于其如何为创业企业赋能，以及作为生态重要参与者的创业企业如何获取赋能的机理与路径尚不明确，相关研究缺乏。案例研究法对于回答“是什么?”“如何实现?”“结果如何?”等问题具有明显优势，能够揭开现有研究尚不能充分解释的现象。因此，本章运用探索性案例研究的方法剖析了平台企业主导型创业生态系统对创业企业赋能的机理与路径，揭示了创业企业与内部生态参与者之间的耦合关系如何作用于创业企业绩效。同时，本章对推动耦合关系形成的耦合要素进行了细化，并从社会资本的视角探索了耦合影响创业企业社会资本形成的机理，进而基于案例分析的结果提出本研究的初始命题与整体理论框架。

第 4 章

理论模型与研究假设

基于第 2 章相关研究综述以及第 3 章探索性案例研究结果，本研究已初步勾画出平台企业主导型创业生态系统的特征，以及耦合、社会资本、平台正式治理对创业企业绩效的作用路径。本章旨在案例分析的基础上，基于现有研究探索各变量间的关系及作用机制，以构建本研究的理论模型。

4.1 耦合与创业企业绩效关系

平台研究人员认为，吸引和相互作用的互补和兼容性是平台战略成功的一个基本方面（Gawer 和 Cusumano，2002），也是耦合关系形成的关键因素。在平台企业主导型创业生态系统中，基于互补和兼容性产生的耦合能促进主体间相互依赖、相互融合、相互渗透关系的形成，推动主体间相互支持与促进，进而增进价值创造，提高系统的整体有效性。从系统整体层面，生态系统内各参与者间相互影响的交互作用效果将影响生态系统的绩效（高钰莉，2016）；从生态参与者层面，与其他生态主体间的耦合是基于平台生态获取价值的重要保障。按照“新木桶原理”，平台企业主导型创业生态系统推动各主体将外部资源优势与自身核心优势组合起来，彼此交叉互补，形成以模块化组织为交互载体的开放式创新网络，从而实现提高绩效的目标（梁海山和王海军，2018）。在此过程中，关键耦合要素是将木桶各块板子紧密联系的“黏合剂”，是实现系统有效协同的“助推器”，若缺乏要素耦合，或耦合关系较弱，会导致创业生态系统与当前我国大部分失败的创业孵化园区一样，仅实现创业主体的物理空间集聚，并不能紧密围绕协同演进过程实现创业绩效提升（张宝建，2019）。在本研究第 3 章中，通过案例研究分析典型平台生态，同时结合现有研究，将平台企业主寻型创业生态系统内主体间的耦合分为文化价值耦合、互补性资产耦合、物理系统耦合三个维度，本节主要探究创业企业与平台生态内层参与者间的各耦合要素维度作用于创业企业绩效的相关机理与路径。

4.1.1 文化价值耦合与创业企业绩效的关系

创业企业与平台企业主导型创业生态系统内层主体间文化价值耦合表明有着相似的价值观、共同认可的目标愿景、操作一致的行为规范等，是主体间进行沟通交流的基础，也是平台企业在选择入驻创业生态系统的创业企业时考察的最关键指标，具有“一票否决权”。

第一，依据社会认同与自我归类理论在创业研究相关领域的应用，创业者和社会网络成员的同质性程度对其创业绩效发挥重要的影响作用（刘刚和王泽宇等，2016），其中最主要的同质性源于能推动社会认同产生的文化价值方面的相似性，即主体间的文化价值耦合。平台企业主导型创业生态系统本身拥有一种浓厚的创业文化，只有当创业企业与平台生态参与者保持在共同愿景方面的一致性，实现双方在价值文化和行为准则方面的高度契合（李平和蒲晓敏等，2019），才能推动平台网络成员对创业企业的身份认同，形成“英雄所见略同”的惺惺相惜感，使创业企业融入平台生态的内群体。刘刚和王泽宇等（2016）对创业者社会网络的研究表明，只有当创业企业的内群体条件比较高时，网络成员对创业企业的社会认同感增强，才会提升平台生态参与者与创业企业合作的意愿，使创业企业从“朋友圈”中获益，并获取创业所需资源（刘红丽和谢韵等，2014）。

第二，文化价值耦合有利于共同愿景的形成，促使创业生态系统内各组织的个体目标与系统整体目标协同，在“一荣俱荣，一损俱损”的共同信念下，只有整体效能实现，各创业企业的个体绩效才能提升，因而将进一步触发各主体间进行资源共享与提供协助的意愿。

第三，文化价值耦合是主体间交流的基础，能提升组织间的认知相似性（曹霞和宋琪，2014），增加彼此的相互理解程度。一方面将促使生态参与者在如何与对方互动方面形成共识；另一方面也便于信息传播（李燕华和宋福烨，2007），进而推动组织间学习，提升创业企业能力，甚至可能从交换的信息中发掘潜在的创业机会。

第四，文化价值耦合是推动平台生态各参与方协同共演的共享制度逻辑，能基于文化与价值观约束或指引参与者的行为，是平台生态非正式治理的重要举措，将降低平台价值共毁行为发生的可能性（肖红军，2020），促进创业绩效提升。文化价值耦合表明创业企业与平台生态参与者的行为规则与处事规范相似，将推动对彼此行为的认可，而在风险防范方面，组织间认可能视作一种有利于促进知识共享并防止“搭便车”行为的自我防范机制（Dyer，2015）。同时，组织间认可还能降低各主体间的协调成本，减少不良竞争，促进创业绩效提升。

因此，提出假设：

H1a：文化价值耦合与创业企业绩效正相关。

4.1.2 互补性资产耦合与创业企业绩效的关系

互补性资产是平台企业主导型创业生态系统对创业企业赋能的核心要素，也是推动创业企业与平台生态参与者之间耦合关系形成的关键动力。对于拥有核心知识技术能力的创业企业而言，要想实现创业成功，必须拥有或整合与创新技术成功商业化相关的互补性资产（Teece，1986），包括价值链上游的知识、人才、资金等，以及价值链下游的生产能力、销售能力等（熊胜绪和李宏贵，2010）。平台的资源集聚性使平台生态成为拥有大量互补性资产的价值网络，如销售渠道、用户、供应商、营销投入、良好的品牌形象等（张镒和刘人怀等，2020），此类资产对平台企业而言属于“冗余资源”（王晓文等，2009），却对创业成功至关重要，是创业企业难以通过市场渠道获得的攸关创业生死的关键资源，因此，获取专用性互补资产便成为创业企业加入平台生态的初衷与根本动力（吴东和杨洋等，2019）。然而，从资源依赖属性的角度，平台企业主导型创业生态系统内的互补性资产间存在差异，本研究借鉴 Teece 对互补性资产的分类，以及王节祥和盛亚等（2015）的研究中对专用性资产的分类方法，依据资产对生态参与主体的依赖程度，将平台生态内的互补性资产分为单边依赖互补性资产和共同依赖互补性资产。其中，单边依赖互补性资产指资产所有者拥有对资产的绝对控制权，创业企业作为资产需求者对资产形成单向依赖，作为资产的使用者，创业企业不会对资产产生影响或影响性较小，如设备、知识技术、供应商、渠道商等；共同依赖互补性资产指具有类公共属性的平台生态共有资产，所有平台生态参与者均能共享此类资产，并依赖此类资源获取合法性，且资产的价值必须依靠所有生态参与者共同维持，如品牌、流量、声誉、用户。具体而言，互补性资产耦合影响创业企业绩效的机理如下：

第一，互补性资产耦合有利于创业企业获取创业成功必需的互补性资产，进而提高创业绩效。从单边依赖互补性资产的角度看，互补性资产耦合表明主体间存在较强的互补性关系，而互补性关系是企业获得外部互补性资产的重要组织机制（苏云霞和苏陶等，2013）。使创业企业从平台生态处获取互补性资产成为可能，是平台资源共享与创业企业资源调用能力的体现，也是创业企业成长的重要原动力（Sirmon 和 Hitt 等，2011）。同时，由于创业企业也拥有互补性资产，且平台生态战略的实现依赖于创业企业的产品或服务商业化，推动平台企业及其他平台生态参与者对创业企业也形成依赖关系，这种双边依赖将增加彼此间进行资源共享的动机。从共同依赖互补性资产的角度看，平台生态共用的品牌、用户等共同依赖互补性资产具有声誉耦合效应，会推动创业企业以平台的信誉为背书，获得更加丰富的"衍生性资源"。创业企业的高风险性通常会降低其对外部优质资源的吸引力，而平台的支持可视为向社会释放的一个积极信号，有利于推动稀缺资源自发向创业企业流动（项国鹏和曾传圣，2020）。同时，此种共同依赖互补性资产的耦合程度越高，表明基于此类资源形成的主体间相互依赖的关系越强，将推动生态参与者成为利益共同体，提升持续为创业企业输送资源的意愿与能力（彭新敏和刘电光等，2021），进而提高创业成功的可能性（彭伟和符正平，2013）。

第二，互补性资产耦合有利于创业企业获取合法性资源。杜运周和张玉利等（2008）认为，在我国环境下，企业合法性获取是创业导向转为创业绩效的关键路径，由于创业企业的社会认知度低，既无法凭借过往业绩证明自身实力，也难以在短时间内独自建立合法性，这成为创业失败的重要原因。互补性资产耦合具有传递合法性信号的作用（Wu 和 Wan 等，

2014），平台企业依托其在发展运营中与政府、供应商和顾客等的频繁互动，通常具有较高的合法性水平，互补性资产耦合将产生积极的声誉效应（薛红志和张玉利，2007），使生态系统内的创业企业较容易地获得平台企业的合法性溢出，进而快速打开市场，实现提升创业企业绩效的目标。

第三，互补性资产耦合有利于推动创业企业组织间学习，提升创业战略的科学性与适配性。Collinson（2003）认为，相比资金限制，小型创业企业知识的缺乏更容易导致创业失败。对创业企业而言，激烈的竞争环境、缺乏管理经验、风险规避倾向、创业战略不合理等现象和问题导致创业活动失败率居高不下，克服这些问题需要创业企业通过一系列创业学习过程以获得相应的创业知识（蔡莉和单标安，2013）。平台企业所拥有的知识与技术也是重要的互补性资产类型，包括生产知识、技术知识、管理知识、创业战略相关知识等，可以为创业企业提供培训、咨询和审查服务，进而帮助创业企业渡过难关，顺利打入市场。当知识技术这类特殊互补性资产耦合程度高时，一方面表明创业企业能通过平台生态获得创业需要的相关知识，提升创业战略的科学性与适配性；另一方面，将促进对知识的吸收与应用（王新华和车珍等，2019），有利于更好地进行交互学习（姚艳红和张翠平，2019），进而提升创业绩效。

第四，互补性资产有利于平台生态组织间分工协作、实现价值共创。价值共创是围绕用户需求各主体间共同提出解决方案，进而获得持续性的用户效益的过程。互补性资产耦合程度越高，表明主体间拥有的资产互补性越高，核心业务重叠度越小（Schreiner 和 Kale 等，2009），这为平台生态参与者间分工协作、降低成本，实现协同效应提供了专业基础（Tiwan，2015）。在平台企业主导型创业生态系统内，创业企业关注处于价值链上游的技术活动，平台企业关注价值链下游的管理、营销、销售网络等互补性资产，互补性资产耦合能推动主体间的合作与分工（薛红志和张玉利，2007），激活协同效应，使整体收益大于单独收益之和，实现“1 +1 >2”，且耦合度越高，整体效应的盈余就越大（吴晓波和朱培忠等，2016），越有利于价值共创。

综上所述，内部资源匮乏和外部合法性不足不仅是新创企业成长中的重要特征（彭伟和符正平，2013），也是制约新创企业发展的阻碍因素。创业企业与平台企业以及其他创业企业之间的互补性资产耦合，有利于通过资源整合、市场化支持、组织学习、分工协作几个模块实现创业资源拼凑（陆健和蒲晓敏等，2020），进而提高创业企业绩效。

因此，提出假设：

H1b：互补性资产耦合与创业企业绩效正相关。

4.1.3 物理系统耦合与创业企业绩效的关系

平台生态下企业之间的紧密联系离不开一定的物质技术基础，需要物理平台和有形载体的互补、兼容，如仪器设备耦合、网络平台与信息技术耦合、规则程序耦合等。物理系统耦合为主体间更顺畅的沟通协调与互动提供了场域，是推动平台生态多边架构与网络效应实现的物理载体，同时通过网络架构及规则程序设计，为创业企业从创新中获益提供了制度支持，是平台数字化赋能的体现，有助于平台生态实现价值共创。

从多边架构与网络效应的视角看，平台企业主导型创业生态系统多边架构与网络效应实现的组织基础是一种基于模块化原理的组织构建模式，平台、模块之间在依托信息技术的构建界面上进行交互与联系（宋立丰和刘莎莎等，2019），形成松散耦合的网络化结构（曹虹剑和张建英等，2015）。合理的模块化组织架构能降低组织间交易和交流沟通的成本，充分调动各自资源（Tiwan 和 Konsynski 等，2010），并更能有效激励企业，提高组织响应效率，积极应对环境复杂性（魏江和黄学等，2014）。物理系统耦合基于网络平台的界面与接口，能以模块化的结构形式将互补企业纳入平台生态，有助于各独立运营的子模块间实现模块化集成（戴水文和符正平等，2018），拆除企业间的“墙”（李海舰和陈小勇，2011），使各参与者深度嵌入平台各项活动中（李雷和朱钱晨，2019），进而充分调动各模块资源，帮助创业企业提升绩效。在此过程中，平台企业扮演着“舵手”的角色，是系统的整合者，掌握着系统知识和关键模块，通过与模块间的相互协作推动系统演化（田洪刚，2017）。

从创新独占机制设计的视角看，Teece（1986）提出的创新独占性理论框架认为，独占性制度、主导性设计范式和互补性资产是创新独占机制实现的三块基石，物理系统耦合通过约定知识与信息共享规则，实现知识选择性披露，推动创业企业创新价值独占。创业企业在加入平台生态网络时可能遇到两个悖论问题：其一是“开放性悖论”，指单个组织一方面需要借助跨组织边界的合作帮助其整合外部知识与资源；另一方面可能导致资源浪费与知识产权外泄；其二是“与狼共舞”悖论，指缺少经历与资源的新创企业一方面需要与强大的伙伴建立合作关系，以获取企业发展所需的知识与资源；另一方面也会担心自身资源的价值被合作者破坏。在此情况下，如何设计网络架构及组织间交互机制以保障创业企业的价值将成为攸关创业企业生死的重要机制（应瑛和刘洋等，2018）。知识管理相关研究认为，企业间知识转移的意愿和能力决定了企业能否跨组织、技术边界获取外部知识（Argote，2003）。通过平台生态网络模块化结构的交互界面设计，能规避潜在的知识整合困难与知识泄露问题，将企业内部核心知识与共享的边缘知识相剥离，使“信息隐藏”成为可能。标准化接口能避免关系专用性资产投资的机会成本（罗珉和杜华勇，2018），推动知识转移与知识保护，降低创业企业对诱发恶性竞争与机会主义行为的担心，进而提升知识转移的意愿（王亚娟和张钰等，2014）。同时，互联网等信息技术既为转移提供了良好的硬件与软件系统设施，也降低了沟通的困难性；既为转移方提供了便利的知识技术共享平台，也提高了接收方的知识技术获取和吸收能力，有助于知识转移的实现（宋立丰和刘莎莎等，2019）。

从价值共创的视角看，价值共创是围绕用户需求，生态参与主体之间进行信息的分享与交流，协同提出解决方案，进而提高生态系统整体效能的过程，这一过程实现的关键在于主体间互动，而物理系统耦合为平台生态主体间良好的互动提供了支持。平台是生态系统成员交互的接口（曹霞和宋琪，2014），基于信息技术搭建的虚拟平台极大增强了参与者间的异质性连接和交互，主体间在平台界面上进行互动，能形成由新思想、新观点组成的信息网络（李雷和朱钱晨，2019）。标准化接口能保证创业企业的个性技术模块与平台生态的共性技术模块顺利匹配与衔接，提高交流的速度与质量，进而推动平台生态整体高效、快速的锁定客户（应瑛和刘洋等，2018）。同时，在平台架构下，顾客甚至被鼓励参与“自助式”产品设计（Lages 等，2017），能有效提高顾客的参与度与满意度，帮助创业企业获取持续收益。另外，平台生态参与者间的模块化架构能深化参与企业的分工协作，有利于隐性知识产生和组合多样性产品（罗珉和杜华勇，2018），在此过程中，模块化的分层架构设计使各参与者能够较好地融合，各自深耕自身擅长的领域（梅景瑶和郑刚等，2020），分工协作实现价值共创。因此，提出假设：

H1c：物理系统耦合与创业企业绩效正相关。

4.2 耦合与社会资本关系

平台企业主导型创业生态系统存在的初衷，在于将企业间简单的合作变为协同共生的耦合，使企业从独自发展模式进化为协同共生的发展模式（张佳，2017），进而实现社会资本累积（李娜娜和张宝建，2020）。本研究认为，平台企业主导型创业生态系统赋能创业企业的重要途径是提升创业企业的社会资本水平，而这种提升作用的发挥受主体间耦合关系的影响。

4.2.1 耦合激活社会资本的机理

尽管当前对社会资本的研究已经相当成熟，并取得了丰富的研究成果，但绝大部分研究是将社会资本作为自变量，来探索其与企业绩效间的关系及影响路径。在少有的与社会资本形成相关的理论与观点中，“社会资本来源于社会关系”“社会关系不一定能形成社会资本，激活社会资本需要满足一定条件”的观点受到大家的认同。本研究结合平台企业主导型创业生态系统的特点，试图阐述主体间耦合推动社会资本形成的机理。

（1）平台企业主导型创业生态系统的“组织优势”

Nahapiet 和 Ghoshal（1998）的研究指出，内部组织或某些形式的组织间网络模式在以持久关系为特征（即相互依赖、相互作用和封闭程度相对较高）的环境中运作，将有利于社会资本的形成与维持，这种观点也被称为“组织优势观”。在平台企业主导型创业生态系统内，模块化组织形式及组织间的耦合关系有助于推动社会关系形成，使系统具备形成社会资本的“组织优势”。

第一，平台企业主导型创业生态系统的模块化组织形式有利于社会关系形成。在社会结构中存在三种基本关系：市场关系、社会关系和等级关系，其中，社会关系是社会资本的来源是学者的基本共识，而市场关系和“官僚主义”等级制度将阻碍社会资本形成（Adler 和 Kwon，2002）。在平台企业主导型创业生态系统内，各主体按照模块节点的形式组合，强调组织间打破科层制，构建平等关系，以赋能代替赋权，组织间关系属于介于科层组织与市场关系间的“生态关系”。此种组织模式既能保持创业企业的独立性，激发其创业动力，又能借助平台生态网络与其他企业形成联系，获得创业所需资源，有助于强化组织间的社会关系，弱化市场关系与等级关系，是一种有利于社会关系形成的组织模式。

第二，平台企业主导型创业生态系统组织间耦合有助于推动社会资本的形成。相互依赖、共生共演的耦合关系是生态系统的核心特征之一。通常，平台企业主导型创业生态系统是平台企业基于其发展战略布局的企业网络，由于创业企业与平台企业之间、创业企业与创业企业之间、创业企业与服务机构之间均存在资源、战略目标等方面的互补效应，将推动生态系统主体间相互作用、相互依赖关系的维持，有助于社会资本形成。

（2）耦合能激活社会关系，形成社会资本

根据本研究第2.3节的内容，社会资本来源于社会关系，但社会关系不一定能形成社会资本，Adler 和 Kwon（2002）因此提出激活社会资本形成的“机会—动机—能力”框架，认为只有这三个要素同时存在，才能激活社会资本。本研究认为，平台企业主导型创业生态系统中主体间耦合能够同时满足激活社会资本的三个要素。

机会。平台企业主导型创业生态系统本身是一个生态网络，通过嵌入该网络能够使各参与主体产生联系，相互依赖、相互影响的耦合关系使主体间更具吸引力，将进一步推动生态参与者之间的相互联系。同时，平台企业的中介枢纽作用与网络效应进一步为主体间的联系创造了机会，进而为激活社会资本提供了机会保障。

动机。平台企业主导型创业生态系统内，主体间耦合提升了系统整体有效性，这一方面有助于推动生态系统资源共享，实现价值共创；另一方面，使生态参与者结为利益共同体。在此情况下，只有平台生态整体效能最大化，才能实现各参与者的利润最大化，因此，平台生态参与者从自身利益出发，更加具备激活社会资本的动机。

能力。在战略和资源上的互补关系是推动平台企业主导型创业生态系统形成和发展的动力，互补性资源获取是各主体参与平台生态的初始动机与终极目标。互补性资产耦合表明主体间拥有相互依赖的互补性资产，是激活社会资本中能力要素的关键体现，而物理系统耦合为互补性资源的交换提供了有效的平台和渠道，进一步推动了此种能力。

综上，平台企业主导型创业生态系统的主体间耦合满足社会资本形成的两个关键条件，进而能推动社会资本的产生，如图4-1所示。首先，平台企业主导型创业生态系统的组织模式具有“组织优势”，有利于社会关系形成；其次，主体间耦合满足激活社会资本的“机会—动机—能力”三个要素，有助于社会关系转化为创业企业的社会资本。

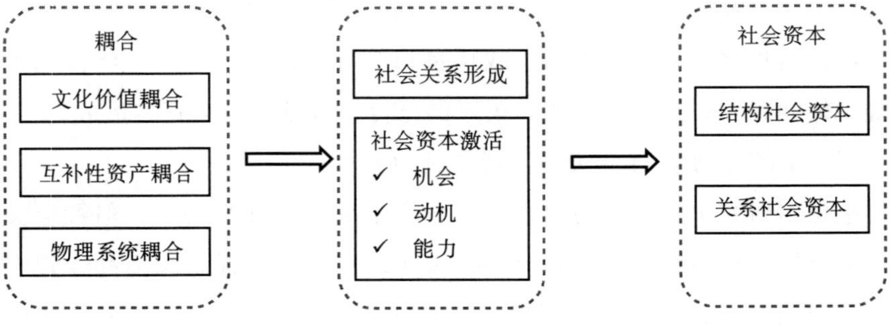

图4-1 耦合激活社会资本的机理

4.2.2　耦合与结构社会资本的关系

平台企业主导型创业生态系统主体间耦合使创业企业能更好地嵌入生态网络，扩大其网络联系范围，并增加联系频率与强度，推动结构社会资本形成。

（1）文化价值耦合与结构社会资本

首先，相似与吸引论（similarity and attraction）指出，态度与价值观等方面的相似性有利于提高人际间的相互吸引与青睐程度，构建主体间的社会情感联系，促使彼此联系更加频繁，易于维持团体联系愿望的产生（Richard，2000）。所谓“道不同不相为谋”，“志同道合”是推动主体间合作的重要因素。平台企业主导型创业生态系统中创业企业与内部生态其他主体间的文化价值耦合有利于形成基于共同价值观的集聚，并吸引更多拥有相同价值观的创业主体加入，为创业企业社会资本的激活提供了机会与动机。

其次，组织间的文化价值耦合能提升组织间的认知相似性（曹霞和宋琪，2014），增进对主体间行为的理解程度，进而能提高彼此间进行沟通交流的意愿，有助于推动主体间的频繁联系和亲密关系形成，为激活结构社会资本提供了动机。

最后，文化价值耦合推动平台生态参与者为了共同的愿景目标而协同努力，实现“心往一处想，劲往一处使”，提高生态系统整体网络的凝聚力。同时，平台企业主导型创业生态系统内，创业企业的初始团队在学习背景与工作经验等方面均有差异，共同的价值观能够克服组织之间的协调障碍，把创业利益相关企业凝聚在一起。因此，提出假设：

H2a：文化价值耦合对创业企业结构社会资本有显著的正向影响。

（2）互补性资产耦合与结构社会资本

从单边依赖互补性资产的视角，对创业企业而言，平台是一个包含供应商、渠道商、竞争企业、服务提供者，以及用户的价值网络，各网络参与者拥有创业成果商业化所需的互补性资产，推动了创业企业对平台企业的依赖关系产生。互补性资产耦合程度是激活社会资本条件中能力维度的重要体现，互补性资产耦合表明创业企业可利用的互补性资产多，因而主体间合作的动机增强，有助于提高企业间创新合作的可能性（吴晓波和朱培忠等，2016），使创业企业更容易通过平台生态获取结构社会资本。同时，创业企业自身拥有的专业技术能力也是平台生态战略实现的重要资源，平台企业需要借助创业企业的成功为其布局商业生态系统，提高竞争力。互补性资产耦合使得创业企业与平台企业以及创业企业之间彼此需要，由于所贡献的正好是彼此欠缺、互补的技能与资源，因此容易形成互赖关系（Kanter，1994）。而随着创业企业的发展，其自身拥有的资源也能为平台企业及生态内其他创业企业所用，进而形成基于不同类别专业化的互补性资产耦合，使创业企业与平台其他主体之间产生基于自身利益出发的依赖关系，推动各主体依托自身专业与优势，形成分工合作，促进主体间频繁、紧密地联系。

从共同依赖互补性资产的视角，平台生态内部参与者之间拥有较多如品牌、声誉、用户、流量之类的共同依赖互补性资产，此类资产是平台生态持续发展赖以依存的关键性资产，也是平台整体合法性资源获取的基础。而此类资产具有较强的双边依赖特征，当创业企业加入平台生态后，一方面，创业企业会获得共同依赖互补性资产的溢出，并基于此实现快速发展；另一方面，创业企业加入后，此类资产不再是平台企业的独有资产，而是成为平台生态公共的“类俱乐部共同资产”，平台生态内整体企业发展得好，可推动其实现“公地繁荣”，反之，任何一家企业的产品或服务出现问题则将产生“公地悲剧”，导致“价值共毁”（肖红军，2020）。因此，共同依赖互补性资产耦合将促使平台生态主体间形成基于平台整体利益出发的紧密的相互依赖关系，提高创业利益相关者的协作意愿，增强组织间凝聚力，进而助推创业企业社会结构资本的积累。

从平台生态网络效应的视角看，互补性资产耦合程度高，有利于创业企业从平台生态参与者处获得创业所需资源，推动与平台生态参与者间的网络联系，助力创业成功。在此情况下，将进一步强化平台企业主导型创业生态系统声誉信号的形成。Afuah（2013）认为，声誉信号会对网络效应产生重大影响，在积极的声誉信号的推动下，有助于产生网络效应，吸引更多创业企业及创业资源提供方与用户加入平台生态，提升创业企业的结构社会资本水平。综上所述，互补性资产耦合提升了创业企业与其他生态主体间的互补性，使生态中所有成员共享网络的整体命运（Li，2009），提高生态成员之间联系的数量、频率及紧密程度。因此，提出假设：

H2b：互补性资产耦合对结构社会资本有显著的正向影响。

（3）物理系统耦合与结构社会资本

合作各方物理系统的耦合程度在一定程度上决定了企业间互动程度的强弱（李成龙，2011）。若平台企业搭建的网络平台具有较高的效率、较好的性能，则能够实现将更广范围内的参与者联系起来，且物理系统耦合是平台网络效应实现的重要载体。例如，海尔通过搭建 HOPE 开放式创新平台以及海创汇平台，实现将全球各地的小微与创客联系起来，共同为用户需求提供解决方案，大大提高了平台参与主体的联系范围，进一步通过平台的网络效应，吸引更多同边或跨边参与者加入平台生态，扩大生态网络规模（李海舰和陈小勇，2011），为社会资本的激活提供了机会。依托信息技术的界面，物理系统耦合能将价值创造主体连接起来，为知识和信息等资源共享提供基础设施保障，起到推动主体间交互实现的桥梁作用，促成主体间在空间或时间上的联系（高钰莉，2016）。通过平台设计的规则与流程，还有助于创业企业将基于自身运营中获得的供应商、渠道商、用户与流量等“反哺性”资源便捷地纳入平台生态内，进一步强化创业企业与各创业资源提供者之间的结构社会资本。同时，通过规则设计保护企业的核心知识，推动主体间进行资源转移的意愿与动机形成。另外，Schilling（2002）指出，标准组件界面或设计规则能减少组织间协调与沟通的成本，提升互动频率。物理系统耦合像一根无形的线，将平台生态中的各参与者串在一起，依靠信息技术突破企业经营中有形实体的限制，实现沟通交流的零时间障碍、零空间障碍，增强相互之间的凝聚力与联系度。例如，各种即时交流和沟通方式（如视频会议、电话会议、远程监控等），帮助企业解除了因地理空间造成的沟通中的时空障碍，有利于提高交流效率，使各参与者能深度嵌入平台的各项活动中（李雷和朱钱晨，2019）。

因此，提出假设：

H2c：物理系统耦合对结构社会资本有显著的正向影响。

4.2.3 耦合与关系社会资本的关系

关系社会资本表现为双方的信任和承诺，是高级状态的组织间关系。其中，信任是相信对方不会因交易前专用性资产投资而产生机会主义行为，并且相信未来收益分配的公平性；承诺是合作各方对保持合作关系及付出努力的意愿。创业企业与平台企业主导型创业生态系统内部主体间基于不同要素的耦合效应，有助于推动其关系社会资本的形成。

（1）文化价值耦合与关系社会资本

Adler 和 Kwon（2002）的研究中指出，共享规范是激活社会资本中的关键动机。基于社会认同理论在创业研究领域的应用，创业者或创业企业获得来自其社会网络成员的认可和支持是创业者的社会资本发挥作用的前提。文化和价值观方面的相似性能够促使网络成员之间产生社会认同，进而推动彼此间“朋友圈”的形成（刘刚和王泽宇等，2016），获得以信任和承诺为特征的关系社会资本。首先，文化价值耦合要求主体间拥有统一的价值观，将推动企业间信任和合作关系的产生（Mayer 和 James 等，1995）。受发展阶段与水平限制，创业企业容易陷入短期回报陷阱，只有认同平台企业的价值规范并与其保持一致，才能推动彼此间信任关系的产生，从而实现各主体在行为准则和企业文化层面的高度契合（李平和蒲晓敏等，2019）。在显著的心理认同下，平台参与主体间能够“相互承认”“彼此欣赏”，建立基于情感的“关系型信任”，推动关系社会资本形成。其次，文化价值耦合要求主体间拥有一致的目标愿景，各主体致力于长期合作，有助于信任关系的产生并增加承诺协作意愿。研究表明，企业间关系的维护与信任的产生主要依赖于目标一致性等机制发挥作用（苏云霞和孙明贵，2017），而许多机会主义行为都是目标不一致与短期合作关系造成的结果。在“一锤子买卖”的战略合作形式中，由于合作的短期性与一次性，合作者之间的信任关系较难形成，而主体间文化价值耦合使各生态参与者目标愿景保持一致，在此情况下，合作关系的长期性与交易的重复性有利于促进关系社会资本形成（Elfenbein 和 Zenger，2014）。最后，文化价值耦合中的共享规范意味着双方行为的可预测性，即对方的行为是可预期的、值得信赖的，由于社会资本中资源交换的时空不同步性，只有能够预测对方将来会履行承诺，才能产生信任、触发资源提供方的交易动机，激活社会资本。因此，提出假设：

H2d：文化价值耦合对关系社会资本有显著的正向影响。

（2）互补性资产耦合与关系社会资本

曹玉玲和李随成（2011）对组织间信任产生的影响因素进行了归纳总结，其研究指出，资产专用性、相互依赖、资源互补性是推动企业间信任的主要因素，而这几个方面正是互补性资产耦合的表现。

从单边依赖互补性资产的角度看，互补性资产耦合一方面表明平台生态参与者拥有的互补性资产能够为创业企业所用，基于此种对合作者能力的认可，将推动组织间信任的产生（Mayer 和 James 等，1995）；另一方面，互补性资产耦合亦表明不仅创业企业依赖平台企业的互补性资产，平台企业也对创业企业的互补性资产形成依赖，提升了合作关系的互惠性和稳定性。企业间的互惠型关系能减少合作者在关系依赖中的非对称性，推动交易行为的有效持续，进而在组织间密切联系的基础上，推动合作者间的充分沟通和彼此信任（Coleman，2008；李成龙，2011）。另外，互补性资产耦合体现了平台生态各主体对资产的互惠型投入，这种互惠型投入能增进合作双方对关系持续性的预期，建立彼此信任（Lui 等，2009）。同时，互补性资产耦合中的知识技术耦合使合作者间拥有一致的理解与认知体系，这将提高彼此间基于共同认知的心理安全感，从而有利于信任机制的形成与维持（Steinmo 和 Rasmussen，2018）。再者，互补性资产耦合程度高说明平台生态内主体间在较大程度上实现了优势互补（Tiwan，2015），使平台生态中的参与主体能够利用自身的专业优势与资源优势为其他主体提供技术支持及解决问题的方法和资源，获得合作方的认可与尊重，并提高主体间的承诺程度，进而有利于关系社会资本的形成。

从共同依赖互补性资产的角度看，由于平台生态内品牌、声誉等资产的类公共属性，导致平台企业个体声誉和创业企业群体声誉呈现一种相互影响、相互依赖、协同发挥作用的耦合特质（汪旭辉和张其林，2017）。平台声誉是平台吸引用户、创业企业资源的初始动力，也是平台企业为创业企业提供的“信用担保”，而由于外界对平台声誉的评价存在“晕轮效应”，极有可能因某企业产品的缺陷导致对平台失望，损害平台整体声誉，在此情形下，平台声誉成为具有显著共同依赖效应的专业化互补性资产，极大地增加了合作者之间的相互依赖程度，有利于推动平台生态内参与者之间构造系统共同身份。共同依赖互补性资产耦合使平台生态主体间成为利益共同体，导致抵押效果形成（Dyer 和 Jeffrey，1997），当各生态参与方意识到彼此处于“同一条船上”时，推动参与者间共生性依赖关系的形成，进而有利于增进信任与认同（朱仁宏和周琦等，2020；王节祥和盛亚等，2015）。

综上，由于创业成功依赖互补性资产，互补性资产耦合将预期伙伴间将形成承诺与长期重复交易，能增强组织间信任（Lui 等，2006）；信任又会进一步促进承诺，形成承诺与信任的良性循环（吴东和杨洋等，2019），有利于创业企业关系社会资本积累。因此，提出如下假设：

H2e：互补性资产耦合对关系社会资本有显著的正向影响。

（3）物理系统耦合与关系社会资本

物理系统耦合是平台生态参与者实现模块化的前提，进而推动平台生态构建一个松散耦合式的复杂系统（Jacobides 和 Cennamo 等，2018）。首先，在青木昌彦等（2002）的研究中指出，模块化组织模式通过结构、界面和标准的设计规则，可将信息和知识分为可见的“系统信息”和隐藏的“个别信息”，信息技术和界面设计耦合，能实现信息在各模块主体间的顺畅流动，保证“可见”信息的透明化、公开化。信息与知识的组合可以创造新的“可见”信息，使生态各主体为实现价值共创而努力，提高组织间的协作承诺，推动系统演化（田洪刚，2017）。其次，基于界面规则设计的物理系统耦合有助于对“个别信息”的保护，避免知识外泄，为创业企业解决生态网络合作中的“开放性”悖论和“与狼共舞”悖论提供机制保障（应瑛和刘洋等，2018），降低对其他参与者机会主义行为发生的担忧，增加彼此的信任感。再次，平台企业主导型创业生态系统的界面规则能有效处理各模块化节点间的关系，解决各节点在专业分工与协作需求间的矛盾，实现组织间的持续沟通与长期协作（罗珉和何长见，2006）。最后，基于界面结构与数字化网络技术的物理系统耦合为主体间的交易提供了制约机制与责任追溯机制，将参与者的行为过程置于平台企业及其他生态主体的监督之下，解决了“信息不对称”导致的“道德风险”和“逆向选择”问题，因而能降低机会主义风险，同时使负面结果发生时的维权难度降低，进而能增加主体间的信任程度（Kumar 和 Liu 等，2020），并能提高各生态主体为了整体利益而付出资源与努力的意愿，促进主体间维持长期合作关系的承诺形成。因此，提出假设：

H2f：物理系统耦合对关系社会资本有显著的正向影响。

4.3　社会资本与创业企业绩效的关系

创业是创业者以动用、构建和维持社会资本的方式发掘创业机会，并获取机会开发必需资源的行为过程，其本质是一种网络化活动（Larson 等，1993）。Adler 和 Kwon（2002）认为，社会资本是所有组织竞争优势的潜在重要来源，是创业企业关键的无形资源（韩莹，2020）。作为一种关系资源，社会资本具有异质性（Alvarez 和 Busenitz，2001）、难以替代性和难以模仿性（Barney，1991），而这种异质性资源是创业的基本条件，能帮助企业有效利用机会，克服外部环境的不确定性，实现新产品或服务的价值（蔡莉等，2019）。

4.3.1　结构社会资本与创业企业绩效的关系

结构社会资本是企业之间联系的综合模式（Nahapiet 和 Ghoshal，1998），描述了企业社会联系的广度、强度（侍文庚和蒋天颖，2012）。

从网络联系广度看，企业可利用与其他企业建立的网络联结进行跨组织边界的资源交换活动（Inkpen和Tsang，2016），创业项目能否成功及创业绩效高低直接受创业企业的社会网络水平影响（刘刚和王泽宇等，2016）。依据资源依赖理论，企业的资源不仅取决于自身的资源禀赋情况，还可从其他主体处获取，处于发展初期的创业企业必须依靠从外部社会网络中获取诸多资源才能满足自身发展的基本需要。所谓“三人行必有我师”，在平台生态系统内具有互动关系的网络成员越多，创业企业获取资源的可能性就越大，可整合的资源类型也越丰富（叶峥和郑健壮，2014）。创业生态系统内主体间的互动能够撬动人力资本与物质资源（李娜娜和张宝建，2020），弥补创业企业的资源短缺（梁祺和张宏如，2019），借助网络实现资源的传递是克服新进入缺陷的方式（韩炜和杨婉毓，2015）。对创业企业而言，一些关键资源难以通过市场渠道获取，如知识和经验等无形资产，而这些资源对创业机会识别、创业战略制定与实施等非常重要，甚至可能决定企业的成败。企业间重复的交互过程是成功理解、学习与内化外部异质性知识的关键（唐丽艳等，2014），只有与知识拥有者形成联系，通过组织间学习，在互动交往中推动隐性知识的转移，才有利于创业企业的知识获取与知识创造（周劲波和黄胜，2013）。例如，杨俊和张玉利（2008）的研究指出，创业企业与其他创业相关者交往的范围越广，接触到的信息数量越多，识别创业信息的可能性就越高，从而降低企业经营风险，促进企业成长（Liao，2018）。

从网络强度看，当创业企业与所有其他生态参与者频繁交流时，将促进创业生态系统整体凝聚力的提升，有利于促进生态参与者之间的资源交换，以便采取更好的集体行动（Krackhardt，1992）。同时，生态系统整体的高凝聚力将提升生态参与者获得资源和组织间学习的能力，促进创新扩散（Kraatz，1998），并推动各参与者获得更大的经济利益、声誉建立和合法性（Shane和Cable，2002）。Walker等（1997）指出，公司间紧密联系的基于网络的“心理”亲密感可降低交易成本（不公平和机会主义行为），并增加特权信息和资源的流动。Hansen和Allen（1992）的研究指出，强有力的社会联系与交互对创业企业分享资源、交换信息、识别创业机会等是有利和有效的。同时，创业所需的隐性知识要通过强联系来传递（Coleman，1990），组织间的紧密联系可促进技术诀窍和信息的转移。创业主体间的强关系联结，能进一步增加互动的全面性、提高互动频率，以便深入了解创业企业的市场、技术、人才、供应链等需求，进而为其提供精准的资源服务协同，帮助解决创业中的难题，也有利于创业企业提高认知能力和资源整合能力（叶峥和郑健壮，2014）。卫武和倪慧（2020）认为，在中国的文化与社会情境下，强关系联结更加有利于共享知识、获取资源、强化合作等，因此，创业企业与平台企业主导型创业生态系统中的关键主体建立强关系联结对于其整合资源、获取信息具有重要作用。谢雅萍和黄美娇（2014）认为，创业企业与网络成员的关系强度越高，则熟悉程度越高、情感联系越紧密，使得交流、指导、模仿等活动能顺利展开，推动彼此间进行互动学习。同时，强关系联结下，主体间交换意见的意愿与达成共识的可能性更大，有利于降低交易风险，促进创业企业绩效提升。基于此，本研究提出如下假设：

H3a：结构社会资本对创业企业绩效有显著的正向影响。

H3b：结构社会资本在文化价值耦合与创业企业绩效的关系中起中介作用。

H3c：结构社会资本在互补性资产耦合与创业企业绩效的关系中起中介作用。

H3d：结构社会资本在物理系统耦合与创业企业绩效的关系中起中介作用。

4.3.2　关系社会资本与创业企业绩效的关系

关系社会资本包含信任、义务和期望、互惠和承诺等方面（Wasko 和 Faraj，2005），本书结合相关研究选择信任和承诺方面作为关系社会资本的表现形式。

信任是社会资本关系维度中的核心内容，指基于互惠的社会交换而形成的稳定社会关系（Wang 和 Tomlinsone 等，2010），是对合作伙伴可靠性和善意的信心（Mishira，1998）。诸多研究表明，组织间信任是组织实现高绩效的重要指示器（王萧萧，2018）。

第一，信任能增强关系双方的“透明度”，提升资源共享的意愿（Li等，2013），增加创业企业的资源获取水平。Huber（2001）认为，较高的信任度能降低网络中的资源拥有主体对资源扩散或转移的防备与保护意识，营造更为开放、宽松、自由的资源获取外部环境，进而有利于提升网络主体的资源存量与资源获取质量。在合作中，信任是一种信念的表现，即企业不会以损失交易伙伴的利益作为谋取私利的代价，是资源获取的承诺与担保（韩炜和杨婉毓，2015）。平台企业主导型创业生态系统中浓厚的信任氛围有助于促进高质量资源向创业企业传递和转移，推动创业企业从网络中获取创业所需的各种资源（谢雅萍和黄美娇，2014）。从知识的角度，对创业企业而言，其发展中需要更多的隐性知识，企业间信任的建立，能提高彼此交流和沟通的质量，加快知识转移。从信息的角度，创业成功或创业机会识别离不开各类信息资源的支持，由于甄别和选择信息需要相应的成本投入，企业间信任能有效降低企业因判断信息真实性而产生的成本，帮助创业企业高效率、低成本地获得创业所需的准确知识与信息（王淑敏和王涛，2017）。从品牌、渠道等的角度，共享品牌、渠道、用户等资源是平台企业主导型创业生态系统对创业企业赋能的关键，而由于此类资源的公共属性，只有当主体间信任度较高时，才能推动此类资源共享。

第二，信任有助于提高交易效率，提升创业生态系统的稳定性。在创业情境下，信任、情感等是维系创业企业与生态系统内其他企业间交换或合作关系的重要机制，这意味着信任可视为创业生态网络的重要治理机制，是有利于促进企业间持续性交易产生、保证创业企业从外部获取资源的重要制度安排（Slotte 和 Coviello，2010）。同时，信任还能助推非常规交易、高度特殊交易的发生，对提高交易效率、增进交易关系都有积极的促进作用（Scarbrough，2013）。从创业生态系统整体的稳定性来看，信任直接影响着主体间的互动频率、投入意愿和忠诚度，有助于创业主体根植创业生态系统内，激发更为积极的合作态度，推动高水平协作形成（Lavado等，2010），进而促进资源的长期流动与融合（成琼文和赵艺璇，2021）。

第三，信任能减少机会主义行为，使交易成本降低（Marianne 和 Einar，2018）。当平台企业主导型创业生态系统内产生高度信任的关系时，能进一步推动各生态网络主体的价值取向和目标愿景趋于一致（Mizruchi，1989）。在主体间信任的环境下，尽管信息不对称及有限理性等问题仍然存在，但主体间不会因为担心合作方的机会主义行为，能确保交易的进行（Williamson，2002），并降低交易成本。例如，由于主体间相互信任，不会因担心合作方的机会主义行为而采取一系列相关约束措施，如订立各种保护自身利益的契约等，尽管契约订立的目的是降低交易成本，但契约订立的过程伴随着较高治理成本；同时，在交易关系维系过程中，主体间信任也有利于缓解冲突，降低治理成本。

承诺是更高层次的信任，是基于对对方合作意图和能力的理性判断，而表现出的愿意长期合作与共同发展的态度与行为（唐丽艳等，2014）。从创业环境氛围看，承诺强调平台企业主导型创业生态系统基于长期合作意愿形成的关系形态，有利于营造良好的合作氛围，使创新创业活动更加活跃（李振华等，2017）。组织间高水平的承诺，使系统参与者致力于生态系统长远目标的实现，能有效降低机会主义行为发生的可能性，增加创业企业与外界组织合作的机会（林筠和刘伟，2011），提升其他创业利益相关者与创业企业分享信息和资源的意愿（王立生，2007）。

综上可知，关系社会资本代表社会网络的质量，其直接影响创业企业所能获得的潜在资源的数量和质量（熊捷和孙道银，2017），创造和维持良好的关系能帮助创业企业获取大量稀缺性资源，进而提高创业绩效（王庆金等，2020）。基于此，本研究提出如下假设：

H4a：关系社会资本对创业企业绩效有显著的正向影响。

H4b：关系社会资本在文化价值耦合与创业企业绩效间的关系中起中介作用。

H4c：关系社会资本在互补性资产耦合与创业企业绩效间的关系中起中介作用。

H4d：关系社会资本在物理系统耦合与创业企业绩效间的关系中起中介作用。

4.4 平台正式治理的调节作用

在平台企业主导型创业生态系统内，生态参与者间的耦合关系是系统“生态性”的本质体现，基于耦合关系形成的高度系统一体化是对创业企业赋能的关键动力，能推动主体间相互协作实现价值共创。然而，平台生态系统参与者间的耦合关系使主体间形成彼此交织、相互嵌套的复杂动态非线性网络关系，在此情况下，局部个体的机会主义行为容易引发“多米诺骨牌效应”和“蝴蝶效应”，最终可能导致大范围的平台“价值共毁”（肖红军，2020）。无论从推动平台生态“价值共创”还是避免“价值共毁”的角度看，平台企业对生态网络的持续性干预与治理都是系统内协同机制实现的重要保障（孙聪和魏江，2019）。正式治理和关系治理是缓解机会主义行为并获得组织间协调的两种常用机制（Hoetker 和 Mellewigt，2009；池毛毛和赵晶等，2017）。其中，关系治理机制泛指基于主体间相互信任和社会认同等关系建立的非正式治理机制，在此机制下，若参与者出现违背约定俗成的行为，将以失去他人的信任，甚至关系瓦解为代价。正式治理则是指以正式契约、规则的形式事先明确各参与者的角色及相应的权责利，同时，对合同执行中的具体监督过程及违约行为的惩罚标准进行规定，拟定面对不确定事件时的问题解决程序与方法（Brown，2006），是一种用以实现合作与利益分配的居于法律约束的协议（孙国强和范建红，2013），违背正式契约将以被处罚、驱逐出平台，甚至违反法律为代价。在平台企业主导型创业生态系统内，耦合关系是平台生态性的本质体现，能推动主体间自组织、自演化形成，而平台正式治理可作为与主体间耦合关系互为补充、互相强化的强制性治理机制，将影响耦合对创业企业产生影响的效果。

（1）平台正式治理对耦合与创业企业绩效关系的调节机理

平台正式治理以正式契约的方式，约定平台企业及其他平台生态参与者的责权利，以实现减少企业合作中的机会主义行为、协调跨组织资源达到最优组合两个主要目标（池毛毛和赵晶等，2015），具体而言，影响耦合与创业企业绩效关系的机理如下：

从约束价值共毁行为的视角看，创业企业与平台生态参与者之间的耦合关系是推动生态整体利益目标一致性，获得生态协同效应，进而提升创业绩效的重要渠道。然而，创业企业与平台企业及平台生态中其他企业之间密切的耦合关系，高度相关的利益，也导致任何的“搭便车”和投机等不良行为将对整个生态系统带来极大的负面影响，造成“价值共毁”。对平台生态参与者而言，平台的整体声誉和品牌是其绩效获取的重要资源，“价值共毁”导致的平台声誉受损将直接影响其收益，甚至可能导致平台失败，因此，作为生态主导者的平台企业如何利用强制性的规则管理和监督各生态参与者的行为，对避免整体“价值共毁”具有重要意义（李平和蒲晓敏等，2019）。互动过程中个体的资源不足和资源整合缺乏、资源滥用、行为不当被认为是“价值共毁”的主要原因（肖红军，2020），平台正式治理机制以契约和规则的形式将可能导致机会主义行为的因素进行规制，是与道德舆论互补的重要监管机制，能够对机会主义行为实施行之有效的预防与惩戒（罗珉和杜华勇，2018）。通过限制各方的行动并加强监督，平台正式治理可视为一种来自平台企业的“他律”约束，与生态主体间因耦合关系形成的基于共同毅力的“自律”结合，能显著影响企业经营绩效（彭本红和鲁倩，2018）。

从交易成本的视角看，平台正式治理通过平台企业制定交易规则与平台管理机制等方式，为生态参与者间的顺利交易提供了信用契约，一方面能降低合作双方的交易成本；另一方面，能降低毁约发生时可能产生的维权成本（张镒和刘人怀，2020），进而有利于强化耦合作用推动的企业绩效提升。同时，平台正式治理水平较高，能降低新企业伙伴搜寻的成本，更好地完成复杂性高的协同任务（Larson 和 Starr，1993），因此能显著提升耦合对创业企业绩效的影响效果。

从规范平台企业行为的视角看，一方面，平台企业是平台生态的“天然领导”，平台生态系统的整体互动价值能否形成依赖于平台企业的生态搭建、价值导向、关系协调、规则制定、运行监督、赋能支持等功能是否有效发挥（肖红军，2020）。另一方面，本研究所关注的创业孵化型平台企业，其自身也是生态运行的参与者，而并不像互联网交易平台一样仅是公平的第三方。这一特征使平台生态系统成为权力高度不对称的结构安排（王节祥和陈威如等，2021），可能导致平台企业"既是裁判，又是运动员"，无法公正地进行资源分配等，使生态参与者满意度降低，因耦合关系导致的协同意愿下降，进而影响整体绩效。平台正式治理将平台生态推动创业企业的措施以规章制度的形式进行明确，能约束平台企业的机会主义行为，降低价值共创中的不确定性与风险（钟琦和杨雪帆等，2020），有利于规范平台企业对创业企业的赋能行为，进而提高创业企业绩效。

基于以上逻辑，本研究提出如下假设：

H5：平台正式治理正向调节耦合与创业企业绩效之间的关系。

H5a：平台正式治理正向调节文化价值耦合与创业企业绩效之间的关系。

H5b：平台正式治理正向调节互补性资产耦合与创业企业绩效之间的关系。

H5c：平台正式治理正向调节物理系统耦合与创业企业绩效之间的关系。

（2）平台正式治理对耦合与创业企业社会资本关系的调节机理

平台企业主导型创业生态系统中，创业企业的社会资本是创业企业与其他生态主体间形成的一种关系资本。平台正式治理以明晰、书面、正式的治理机制来管理合作关系（池毛毛和赵晶等，2015），为主体间关系的形成与规范提供了保障性机制，有利于强化耦合对社会资本形成的促进作用。

首先，平台正式治理机制对创业资源提供者的信号效应。新企业面临合法性缺陷，合作者会出于对其行为的担忧而不与之建立交易关系。平台正式治理以契约为承诺，能减少不确定性带来的风险，为平台参与者之间的交易提供信用契约（张镒和刘人怀，2020），从而吸引合作者，有利于形成社会资本。

其次，平台正式治理机制对平台企业组织企业间商务活动的推动效应。韩炜和杨婉毓（2015）指出，缺少相应的治理机制，是导致创业企业难以借助社会网络获取资源的重要原因。有效的正式治理机制有利于形成生态网络的交易保证系统，进而有利于系统内成员对交易关系的积极预期（胡雅蓓和霍焱，2017）。平台正式治理将平台对资源的整合性与跨组织资源协调以规章制度的形式进行规定，有利于推动主体间商务活动的开展（池毛毛和赵晶等，2017），强化耦合对社会资本的促进作用。

最后，平台正式治理机制对创业企业间良性竞争合作关系形成的引导效应。平台生态模式将相互依赖却又彼此分割的不同生态主体集合在一起（江小涓，2017），如何设计相应的激励机制，以吸引优质成员加入并引导其做出符合生态网络利益的行为是平台企业需考虑的两大关键问题。然而，创业企业间不仅存在协作共生关系，也存在基于生态内部资源和外部市场的竞争关系，适度的竞争有利于企业提升自身能力，为用户带来更好的产品和服务，进而有利于整体生态的持续发展，而过度竞争或竞争不足都有可能降低平台生态的整体效率。在缺乏制度约束的情境下，可能导致机会主义行为加剧，催生不良竞争。平台正式治理机制的完善，能有效引导创业者间的行为，推动创业者间协作关系的形成，增加彼此间的信任，因而有利于强化主体间耦合对社会资本的正向作用。

基于以上逻辑，本研究提出如下假设：

H6：平台正式治理正向调节耦合与创业企业社会资本之间的关系。

H6a：平台正式治理正向调节文化价值耦合与结构社会资本之间的关系。

H6b：平台正式治理正向调节互补性资产耦合与结构社会资本之间的关系。

H6c：平台正式治理正向调节物理系统耦合与结构社会资本之间的关系。

H6d：平台正式治理正向调节文化价值耦合与关系社会资本之间的关系。

H6e：平台正式治理正向调节互补性资产耦合与关系社会资本之间的

关系。

H6f：平台正式治理正向调节物理系统耦合与关系社会资本之间的关系。

4.5 理论模型提出与研究假设汇总

综合以上理论分析，本研究提出平台企业主导型创业生态系统内，主体间耦合、社会资本、平台正式治理、创业企业绩效之间的理论模型，如图 4－2 所示。

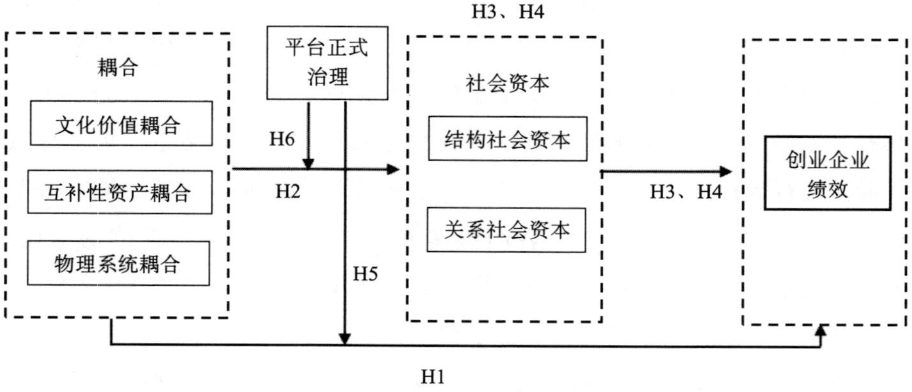

图 4－2 本研究理论框架

4.6 本章小结

本章以第 3 章探索性案例研究提出的作用机制与命题为基础，结合现有研究及相关理论，从逻辑上推导出平台企业主导型创业生态系统内，主体间耦合（文化价值耦合、互补性资产耦合、物理系统耦合）与创业企业绩效的关系、耦合与社会资本（结构社会资本、关系社会资本）的关系、社会资本与创业企业绩效的关系，同时关注社会资本在耦合与创业企业绩效关系间的中介作用，以及平台正式治理在耦合与创业企业绩效之间的调节作用。综合本章提出的研究假设，可得到汇总表 4－1。

表 4－1　　研究假设汇总表

序号	研究假设
H1	耦合与创业企业绩效关系 H1a：文化价值耦合与创业企业绩效正相关 H1b：互补性资产耦合与创业企业绩效正相关 H1c：物理系统耦合与创业企业绩效正相关
H2	耦合与社会资本关系 H2a：文化价值耦合对结构社会资本有显著的正向影响 H2b：互补性资产耦合对结构社会资本有显著的正向影响 H2c：物理系统耦合对结构社会资本有显著的正向影响 H2d：文化价值耦合对关系社会资本有显著的正向影响 H2e：互补性资产耦合对关系社会资本有显著的正向影响 H2f：物理系统耦合对关系社会资本有显著的正向影响
H3	结构社会资本在耦合与创业企业绩效关系中的中介作用 H3a：结构社会资本对创业企业绩效有显著的正向影响 H3b：结构社会资本在文化价值耦合与创业企业绩效间的关系中起中介作用 H3c：结构社会资本在互补性资产耦合与创业企业绩效间的关系中起中介作用 H3d：结构社会资本在物理系统耦合与创业企业绩效间的关系中起中介作用
H4	关系社会资本在耦合与创业企业绩效关系中的中介作用 H4a：关系社会资本对创业企业绩效有显著的正向影响 H4b：关系社会资本在文化价值耦合与创业企业绩效间的关系中起中介作用 H4c：关系社会资本在互补性资产耦合与创业企业绩效间的关系中起中介作用 H4d：关系社会资本在物理系统耦合与创业企业绩效间的关系中起中介作用
H5	平台正式治理对耦合与创业企业绩效之间关系的调节作用 H5a：平台正式治理正向调节文化价值耦合与创业企业绩效之间的关系 H5b：平台正式治理正向调节互补性资产耦合与创业企业绩效之间的关系 H5c：平台正式治理正向调节物理系统耦合与创业企业绩效之间的关系

续表

序号	研究假设
H6	平台正式治理对耦合与社会资本之间关系的调节作用 H6a：平台正式治理正向调节文化价值耦合与结构社会资本之间的关系 H6b：平台正式治理正向调节互补性资产耦合与结构社会资本之间的关系 H6c：平台正式治理正向调节物理系统耦合与结构社会资本之间的关系 H6d：平台正式治理正向调节文化价值耦合与关系社会资本之间的关系 H6e：平台正式治理正向调节互补性资产耦合与关系社会资本之间的关系 H6f：平台正式治理正向调节物理系统耦合与关系社会资本之间的关系

第 5 章

问卷设计与变量测量

本研究的目的在于探索平台企业主导型创业生态系统内，创业企业与内层生态参与主体间耦合、社会资本与创业企业绩效之间的关系路径及影响机理，为了对前文探索性案例研究与理论推导分析的结论进行验证，本章将运用定量的大样本检验方法验证理论模型。由于本研究涉及的各构念如耦合、社会资本等数据从公开资料中难以直接获取，因此本研究拟使用问卷调查方法收集研究所需数据。

5.1 问卷设计

由于问卷调查法能够快速、有效地搜集相关数据，且具有成本低、可操作性强、实用性好等优点，成为管理学研究中最常用的定量研究方法。然而，在实地研究中，问卷法实施的前提是大多数问卷填写者会认真阅读问卷、能理解所有问题，且会提供真实的答案（陈晓萍和徐淑英等，2012）。因此，为获得高质量的问卷，问卷的设计过程必须遵循科学性原则。本研究所用问卷参照了现有关于问卷设计的相关理论，在量表选取上遵循普适性与独特性原则，既要借鉴国内外被普遍认可的、引用次数较多的经典量表，又要考虑平台企业主导型创业生态系统的独特情景及研究内容上的独特性。对于缺乏成熟量表的变量，在专家咨询的基础上不断修改完善量表，最终形成符合要求的问卷。

（1）沿用现有量表

本研究在梳理大量相关文献的基础上，筛选与本研究主题最匹配的成熟量表，并在同平台生态参与企业充分沟通的基础上，结合案例调研总结，对现有量表的题项与语句表述进行适当修改与增减，形成问卷初稿。

（2）专家意见咨询

在问卷初稿设计完成后，邀请三名创新管理研究领域的教授对问卷的题项设计、语言文字表述等方面进行调整。同时，依托导师的课题小组，邀请多位博士、硕士研究生对题项进行讨论与优化，进一步完善问卷，避免存在歧义、表述不清的题项出现，且尽量采用简洁易懂的语言设计题项，进而形成第二稿问卷。

（3）企业访谈优化

为了适应特定的行业情境，将修改过的问卷再次向平台生态内创业企业的管理人员征求修改意见，对一些语义表述不明、学术语言难以理解的题项进行通俗化处理，最终形成问卷第三稿，预计答题时间在5分钟左右。

（4）预测试

选择广东省三个典型的平台企业主导型创业生态系统，对其平台内的创业企业进行预测试，共发放问卷75份，回收有效问卷56份，运用此部分小样本问卷数据进行预测试，以检验各量表题项的信度与效度，将未通过测试的题项删除，从而形成正式调查问卷（详见附录）。

5.2 变量测量

根据前文构建的概念模型可知，本研究待测量的变量包括平台企业主导型创业生态系统内创业企业与其他主体之间耦合的三个维度：文化价值耦合、互补性资产耦合、物理系统耦合；社会资本的两个维度：结构社会资本、关系社会资本；创业企业绩效；平台正式治理。由于这些变量难以直接度量，或直接度量所用的数据因涉及商业机密而难以获取，因此，本研究运用李克特五级量表法对各题项进行度量，数值1—5分别代表从“完全不同意”到“完全同意”的依次递增，其中3代表中立状态。

5.2.1 被解释变量量表

将创业企业绩效作为解释变量的研究取得了丰硕的成果，对创业绩效的度量方式主要包括单维度与多维度两种。本研究的对象为平台企业主导型创业生态系统内创业企业的创业绩效，为了更全面地度量平台生态对创业企业的影响，结合现有研究，从生存绩效、成长绩效、创新绩效三个维度，用 11 个题项来度量创业企业绩效，如表 5－1 所示。

表 5－1　　　　创业企业绩效的量表

变量	题项	题项来源或依据
创业企业绩效	EP1 相比行业平均水平，贵公司具有较高的市场占有率 EP2 相比行业平均水平，贵公司具有较高的净收益率 EP3 相比行业平均水平，贵公司具有较高的投资收益率 EP4 相比行业平均水平，贵公司的销售额增长速度较快 EP5 相比行业平均水平，贵公司的净收益增长速度较快 EP6 相比行业平均水平，贵公司的市场份额增长速度较快 EP7 相比行业平均水平，贵公司的资金周转速度较快 EP8 相比行业平均水平，贵公司申请的专利数量较多 EP9 相比行业平均水平，贵公司新产品开发数量较多 EP10 相比行业平均水平，贵公司新产品开发速度较快 EP11 相比行业平均水平，贵公司新产品产值占总销售收入的比重较高	Murphy 等（1996）；Wiklund 等（2003）；Witt（2007）；张波（2010）；张宝建等（2015）；胡海清等（2017）

5.2.2　解释变量量表

本研究着重探索平台企业主导型创业生态系统内创业企业与内部生态主体之间的耦合关系对创业绩效的影响机理与路径，因此，对耦合关系的度量是本研究的关键。当前有关生态系统的研究中，耦合是学者关注得较多的生态系统的关键特征，然而，有关耦合度量的相关研究较少，现有研究主要从量化的形式、用耦合协调度测量各系统之间的耦合程度，多用于中观或宏观层面的研究（苏屹和安晓丽等，2018）。微观层面，主要有李成龙（2011）开发的测度产学研创新系统耦合的量表，其将产学研创新系统耦合分为物理系统耦合、管理系统耦合、知识基础耦合、文化价值耦合四个维度，每个维度分别用 3—4 个题项度量产学研合作方之间的互补和兼容程度。在曹霞和宋琪（2014）的研究中，沿用了此量表，这也是本研究的题项主要来源。同时，结合案例分析与访谈结果，考虑到平台企业主导型创业生态系统下创业企业与平台生态内其他主体间耦合的实际类型差异，本研究将平台生态内创业企业与平台企业及其他创业企业之间的耦合分为文化价值耦合、互补性资产耦合、物理系统耦合三个维度量，表测度题项主要借鉴李成龙（2011）及曹霞和宋琪（2014）的观点，并结合相关专家意见与访谈资料，最终得到各维度的测量题项如表5-2所示。

表5-2 耦合的测量题项

变量	测量题项	题项来源或依据
文化价值耦合	CVC1-1 贵公司与平台企业有共同的目标愿景 CVC1-2 贵公司与平台内其他创业企业有共同的目标愿景 CVC2-1 贵公司对平台企业的价值观有较高认可度 CVC2-2 贵公司对平台内其他创业企业的价值观有较高认可度 CVC3-1 贵公司与平台企业之间遵循相似的行为规范 CVC3-2 贵公司与平台内其他创业企业之间遵循相似的行为规范	
互补性资产耦合	CAC1-1 贵公司与平台企业的知识技术互补和兼容 CAC1-2 贵公司与平台内其他创业企业之间的知识技术互补和兼容 CAC2-1 平台企业拥有贵公司创业成功所需的（供应商、销售渠道、服务体系等）资源 CAC2-2 平台内其他创业企业拥有贵公司创业成功所需的（供应商、销售渠道、服务体系等）资源 CAC3-1 贵公司与平台企业在品牌及声誉与用户及流量资源方面存在相互依赖、相互影响的关系 CAC3-2 贵公司与平台内其他创业企业在品牌及声誉与用户及流量资源方面存在相互依赖、相互影响的关系	李成龙（2011）；曹霞和宋琪（2014）
物理系统耦合	PSC1-1 贵公司与平台企业之间的仪器设备等硬件能很好地匹配 PSC1-2 贵公司与平台内其他创业企业之间的仪器设备等硬件能很好地匹配 PSC2-1 贵公司与平台企业之间的网络平台与信息技术等软件能彼此兼容 PSC2-2 贵公司与平台内其他创业企业之间的网络平台与信息技术等软件能彼此兼容 PSC3-1 贵公司与平台企业在工作规则和程序方面能较好地衔接 PSC3-2 贵公司与平台内其他创业企业在工作规则和程序方面能较好地衔接	

5.2.3　中介变量量表

根据本研究第 2 章中对有关社会资本的现有研究梳理可知，社会资本从不同视角可分为不同的维度，且诸多学者对各维度的界定也不尽相同。根据研究对象与研究情境的差异，学者常选择不同维度的指标度量社会资本。结合研究对象特征及案例分析结果，本研究参考孙凯（2011）对在孵企业社会资本的研究，以及徐蕾等（2013）对集群企业社会资本的研究等方法，将平台企业主导型创业生态系统内创业企业的社会资本分为结构维和关系维。其中，结构维社会资本用联系对象数量、联系频繁与密切程度等测量；关系维社会资本则表现为信任和承诺，由关系双方相互信任、真诚合作、信守承诺等题项测量（徐蕾等，2013）。在借鉴相关成熟量表的基础上，结合本研究对象的特征与调研结果，设计出平台企业主导型创业生态系统内创业企业社会资本的度量题项如表 5－3 所示。

表 5－3　　社会资本量表

变量	测量题项	题项来源或依据
结构社会资本	SSC1 相比同行业其他企业，与贵公司有联系的供应商数量较多	Yli－Renko 和 Aufio（2001）；Studdard（2004）；侍文庚和蒋天颖（2012）；唐丽艳等（2014）；刘红丽和谢韵等（2014）；李振华等（2017）；Ortizetal（2018）
	SSC2 相比同行业其他企业，与贵公司有联系的目标客户数量较多	
	SSC3 相比同行业其他企业，与贵公司有联系的创业企业、其他创业服务主体（政府、中介机构、高校及科研院所、金融机构等）等外部组织的数量较多	
	SSC4 贵公司与平台企业联系频繁且紧密	
	SSC5 贵公司与平台内其他创业企业联系频繁且紧密	
	SSC6 贵公司与目标客户联系频繁且紧密	
	SSC7 贵公司与供应商联系频繁且紧密	
	SSC8 贵公司与创业服务主体（政府、中介机构、高校及科研院所、金融机构等）联系频繁且紧密	
关系社会资本	RSC1 贵公司与合作伙伴的合作过程中，双方均不存在损人利己的倾向	
	RSC2 贵公司在外界拥有良好的信誉	
	RSC3 贵公司遇到困难时，合作伙伴会主动提供帮助	
	RSC4 贵公司与外部组织联系过程中，能够真诚合作	

5.2.4 调节变量量表

管理和控制平台参与各方关系是平台治理的重要内容，而正式治理将平台对资源的整合性、平台参与主体的相关规则等以规章制度的形式进行规定，有利于推动主体间商务活动的开展（池毛毛和赵晶等，2017），是平台企业对生态参与者实施的“他律”措施（彭本红和鲁倩，2018）。当前有关组织治理的研究较多关注联盟型组织治理，而此类治理主体往往具有较高的“科层”权威治理特征。相比之下，本研究中的平台生态内，平台企业与平台参与者之间的“科层”制关系被较大弱化。本研究借鉴 Hoetker 和 Mellewigt（2009）、池毛毛和赵晶等（2017）对平台治理如何促进平台双元性实现的研究，同时结合平台企业主导型创业生态系统中平台企业的特征，最终设置了如表 5 – 4 所示的 4 个题项来测度平台正式治理。

表 5 – 4　平台正式治理量表

变量	测量题项	题项来源或依据
平台正式治理	FG1 贵公司所在平台制定了企业进入与退出平台的相关准则 FG2 贵公司所在平台对如何支持创业企业的活动进行了规划 FG3 贵公司所在平台制定了指导平台内企业间商务合作的方案 FG4 贵公司所在平台与伙伴达成协议，协同合作应对市场竞争的不确定性	Hoetker 等（2009）；池毛毛等（2017）

5.2.5 控制变量

本研究旨在验证平台企业主导型创业生态系统内，创业企业绩效的影响机理与路径。综合分析现有研究发现，诸多学者认为创业企业绩效还受到企业年龄、企业规模、企业所属行业等的影响（胡海青等，2017），因此，本研究沿用被普遍认可的结论，将这些变量作为创业企业绩效的控制变量。

（1）企业年龄

按照企业生命周期理论，成立时间不同的企业处于不同的发展阶段。通常，成立时间越长的企业，所掌握的资源越多、能力越强，因而会对企业社会资本和创业绩效带来间接影响。参考已有研究，本研究将创业企业的年龄作为控制变量。

（2）企业规模

通常情况下，企业规模越大，能够拥有的资源就越多，社会资本量也越多，最终导致企业的创业绩效存在差异。现有研究常用企业员工数量、企业资产总额、销售总额等指标度量企业规模。考虑到数据的可获得性和真实性，本研究借鉴常用方法，将企业员工总数作为企业规模的测度指标。在数据分析中，将员工总数分为 5 个等级：数字 1—5 分别表示 1—10 人、11—20 人、21—50 人、51—100 人、100 人以上。

（3）企业所属行业类型

处于不同行业的新创企业在初始资源禀赋方面存在差异，导致其社会关系、创业行为及能力也呈现出不同的特征，进而对创业企业绩效产生不同的影响（王玲，2019）。本研究将企业所属行业类型作为控制变量，并设为虚拟变量，若企业处于高科技行业，设为 1；反之，则设为 0。

5.3　小样本测试

本研究的实证数据由问卷调查而来，问卷的信度与效度将决定数据的可靠性与真实性，进而直接影响研究结论。因此，在进行大规模数据收集之前，应对预设问卷进行题项分析、信度及效度检验，并基于检验结果筛选和修正题项，以此作为正式问卷形成的重要依据。

5.3.1　小样本测试方法

小样本测试方法主要用于检验问卷的信度与效度。

（1）信度（reliability）表示测度量表的稳定性及一致性，Cronbahach's α 系数多被用于评估 Likert 量表的信度，通常情况下，Cronbahach's α 系数在 0.7 以上时，问卷的结构良好，达到可接受范围。同时，当“校正的项目总计相关性”（CITC 值）低于 0.4 时，可认为该题项和其余题项的相关度较低，应考虑删除（吴明隆，2010）。若题项删除后，α 系数高出很多，则将此题项删除。

（2）效度（validity）表示题项能有效表达研究变量的概念信息，内容效度与结构效度是两种主要类型。其中，内容效度常用题项的合理性来判断。本研究所用问卷是在文献理论性推导的基础上，征询本研究团队的诸多成员及相关领域研究专家的意见后多次修改得到，为增加被访者的理解度，还进行了包括删除不适合的题项、调整语句表达使问题更符合研究对象特点等在内的多次修正。同时，对问卷进行小样本测试，在征询企业家的意见建议后，进一步对提问方式和内容等进行了数次优化，确保问卷题项设计具有较高的内容效度。结构效度指问卷题项测度出概念的程度，探索性因子分析（EFA）是验证结构效度的主要方法，如果 EFA 结果显示测量题项与变量对应关系符合预期，则说明具有良好的结构效度。同时，可用 KMO 值和 Bartlett 球形检验判断题项是否适合做探索性因子分析。本研究对 KMO 取值 0.7 以上，Bartlett 球形检验也显著的量表进行探索性因子分析，进一步运用主成分分析法与最大方差正交旋转法，以特征值大于 1 为条件提取因子。若转换后的因子载荷均在 0.5 以上，累积方差贡献率大于 50%，则表明量表效度可接受。同时，若某题项在两个及以上因子中的载荷量均大于 0.5，可视为横跨因子现象，应删除此题项。

5.3.2 小样本数据分析

本研究小样本数据收集主要来自对案例研究中创业企业的调研，以及随导师课题组调研时收集的数据，初次调研发放问卷 75 份，收回有效问卷 56 份，有效回收率为 74.7%，并以此数据作为小样本测试的依据，分析问卷的信度和效度。

（1）耦合量表的信度与效度检验

如表 5－5 所示，对耦合量表进行探索性因子分析，KMO 值为 0.853，且 Bartlett 球形检验达到显著水平，表明适合做因子分析。进而以特征值大于 1，最大因子载荷大于 0.5 为标准，抽取出三个因子，累计方差解释率达 63.153%，表明耦合量表的效度较好。

表 5－5　　耦合量表的探索性因子分析结果

测量题项	因子 1	因子 2	因子 3
CVC1－1	0.639		
CVC1－2	0.687		
CVC2－1	0.685		
CVC2－2	0.857		
CVC3－1	0.787		
CVC3－2	0.676		
CAC1－1		0.619	
CAC1－2		0.628	
CAC2－1		0.635	
CAC2－2		0.620	
CAC3－1		0.766	
CAC3－2		0.724	
PSC1－1			0.618
PSC1－2			0.741
PSC2－1			0.797
PSC2－2			0.640
PSC3－1			0.757
PSC3－2			0.612
KMO 度量		0.853	
Bartlett 球形检验	近似卡方		664.583
	df		153
	Sig.		0
可解释方差比例（%）	22.214	19.255	21.684

表 5 – 6 是耦合量表各题项的描述性统计及信度检验结果。如表 5 – 6 所示，各子量表的 α 系数均大于 0.8，CAC2 – 2 的 CITC 值（0.373）小于 0.5，且删除此题项后子量表的 α 值变大（由 0.847 变为 0.87），故将此题项删除。其余各题项间具有较好的内部一致性。因此可认为，耦合量表的信度与效度较高。

表 5 – 6 耦合量表的信度检验结果

变量	题项	均值	标准差	CITC 值	删除题项后的 α 值	α
文化价值耦合	CVC1 – 1	3.893	0.5284	0.679	0.885	0.895
	CVC1 – 2	3.679	0.6635	0.686	0.882	
	CVC2 – 1	3.857	0.6988	0.773	0.868	
	CVC2 – 2	3.679	0.7162	0.770	0.869	
	CVC3 – 1	3.804	0.6986	0.778	0.867	
	CVC3 – 2	3.554	0.7366	0.650	0.889	
互补性资产耦合	CAC1 – 1	4.036	0.6866	0.721	0.803	净化前：0.847 净化后：0.870
	CAC1 – 2	3.929	0.5987	0.698	0.809	
	CAC2 – 1	4.018	0.5875	0.725	0.805	
	CAC2 – 2	3.268	0.6464	0.373（删除）	0.870	
	CAC3 – 1	4.089	0.6404	0.666	0.815	
	CAC3 – 2	3.821	0.6062	0.624	0.823	
物理系统耦合	PSC1 – 1	3.768	0.6028	0.591	0.857	0.867
	PSC1 – 2	3.607	0.5933	0.730	0.832	
	PSC2 – 1	3.625	0.6198	0.695	0.838	
	PSC2 – 2	3.571	0.5345	0.671	0.844	
	PSC3 – 1	3.554	0.5695	0.687	0.840	
	PSC3 – 2	3.536	0.6596	0.621	0.853	

（2）社会资本量表的信度与效度检验

如表 5 – 7 所示，对社会资本问卷题项的探索性因子分析，KMO 值为 0.859，Bartlett 球形检验达到显著水平，表明适合进行因子分析。进而以特征值大于 1、最大因子载荷大于 0.5 为标准，抽取出两个因子，可得累计方差解释率达 61.542%，意味着社会资本量表具有较好的建构效度。

表 5－7　　社会资本量表的探索性因子分析结果

测量题项	因子 1		因子 2
SSC1	0.636		
SSC2	0.600		
SSC3	0.805		
SSC4	0.598		
SSC5	0.683		
SSC6	0.783		
SSC7	0.711		
SSC8	0.840		
RSC1			0.765
RSC2			0.771
RSC3			0.682
RSC4			0.802
KMO 值		0.859	
Bartlett 球形检验	近似卡方		358.267
	df		66
	Sig.		0
可解释方差比例（%）	35.667		25.874

表 5－8 是社会资本量表中各题项的描述统计和信度检验结果。如表所示，各题项的 CITC 值均大于 0.5，子量表的 α 系数均大于 0.8，且题项删除后的 α 值会变小，表明社会资本量表内各题项间的内部一致性较好，即量表具有较高的信度水平。

表 5－8　　社会资本量表的信度检验结果

变量	题项	均值	标准差	CITC 值	删除题项后的 α 值	α
结构社会资本	SSC1	3.839	0.733	0.673	0.889	0.900
	SSC2	3.893	0.6231	0.672	0.889	
	SSC3	3.875	0.7877	0.769	0.880	
	SSC4	4.018	0.5875	0.650	0.891	
	SSC5	3.714	0.7062	0.644	0.891	
	SSC6	3.732	0.7004	0.759	0.880	
	SSC7	3.804	0.5533	0.594	0.895	
	SSC8	3.857	0.7243	0.743	0.882	

续表

变量	题项	均值	标准差	CITC 值	删除题项后的 α 值	α
关系社会资本	RSC1	3.786	0.4941	0.613	0.766	0.808
	RSC2	3.821	0.5755	0.623	0.763	
	RSC3	3.893	0.4928	0.592	0.775	
	RSC4	3.786	0.5296	0.678	0.733	

（3）创业绩效量表的信度与效度检验

如表 5-9 所示，对创业企业绩效问卷题项进行探索性因子分析，KMO 值为 0.809，Bartlett 球形检验达到显著性水平，表明适合进行因子分析。以特征值大于 1，最大因子载荷大于 0.5 为标准，抽取三个因子，累计方差解释率达 72.172%，表明创业企业绩效量表的建构效度较好。

表 5-9　创业企业绩效量表的探索性因子分析结果

测量题项	因子 1	因子 2	因子 3
EP1	0.839		
EP2	0.864		
EP3	0.737		
EP4		0.797	
EP5		0.721	
EP6		0.758	
EP7		0.772	
EP8			0.786
EP9			0.817
EP10			0.823
EP11			0.707
KMO 值		0.809	
Bartlett 球形检验	近似卡方		322.234
	df		55
	Sig.		0
可解释方差比例（%）	23.001	24.332	24.839

表 5-10 是创业企业绩效量表中各题项的描述统计与信度检验结果。

如表所示，EP4 和 EP11 两个题项的 CITC 值均小于 0.4，且删除这两个题项后量表的 α 值会变大（由 0.88 变为 0.886），因此将此两个题项删除，最终得到包含 9 个题项的创业绩效问卷量表，量表内各题项间的内部一致性较好，表明创业企业绩效量表具有较好的信度。

表 5-10　创业企业绩效量表的信度检验结果

变量	题项	均值	标准差	CITC 值	删除题项后的 α 值	α
创业企业绩效	EP1	3.554	0.8511	0.604	0.869	净化前：0.880 净化后：0.886
	EP2	3.536	0.7619	0.671	0.864	
	EP3	3.589	0.733	0.654	0.865	
	EP4	3.589	0.626	0.343（删除）	0.884	
	EP5	3.536	0.6314	0.684	0.865	
	EP6	3.696	0.5366	0.501	0.875	
	EP7	3.554	0.6301	0.606	0.869	
	EP8	3.393	0.8459	0.670	0.864	
	EP9	3.500	0.8312	0.719	0.860	
	EP10	3.500	0.7628	0.671	0.864	
	EP11	3.214	0.7062	0.384（删除）	0.882	

（4）平台正式治理量表的信度与效度检验

如表 5-11 所示，对平台正式治理量表进行探索性因子分析，KMO 值为 0.779，Bartlett 球形检验达到显著性水平，近似卡方分布为 82.61，表明适合进行因子分析。进而以特征值大于 1、最大因子载荷大于 0.5 为标准，抽取一个因子，累计方差解释率达 66.548%，说明平台正式治理量表的效度较好。

表 5-11　平台正式治理量表的探索性因子分析结果

测量题项		因子	
FG1		0.768	
FG2		0.759	
FG3		0.857	
KMO 值			0.779

续表

测量题项		因子	
Bartlett 球形检验	近似卡方		82.61
	df		6
	Sig.		0.000
可解释方差比例（%）		66.548	

表 5-12 是平台正式治理量表的信度检验结果。如表所示，题项的 α 系数大于 0.8，CITC 值均大于 0.6，且删除题项后的 α 值会变小，说明量表的信度较高，不需要删除相关题项。因此可认为，平台正式治理量表的信度较好。

表 5-12　　平台正式治理量表的信度检验结果

变量	题项	均值	标准差	CITC 值	删除题项后的 α 值	α
平台正式治理	FG1	3.476	0.6064	0.604	0.804	0.826
	FG2	3.481	0.6751	0.636	0.789	
	FG3	3.505	0.6607	0.628	0.797	
	FG4	3.519	0.6455	0.767	0.730	

5.4　本章小结

本章主要论述了调研问卷设计的过程。本研究的问卷量表绝大部分来自于现有文献研究中存在的成熟量表，并在考虑研究对象特性的基础上进行适当修正。同时，在综合专家意见、企业访谈反馈的基础上，设计出相关变量的量表题项。进一步地，通过小样本测试对问卷题项的信度与效度进行检验，剔除不合理的题项，最终形成本研究的正式问卷。

第 6 章

假设检验与结果讨论

本章在前文研究的基础上，以大规模问卷调研的方式收集平台企业主导型创业生态系统内创业企业的数据，实证检验各变量之间的关系，并对检验结果进行讨论。

6.1　数据收集与描述性统计

6.1.1　数据收集

本研究问卷的发放渠道主要包括以下四种：①借实地调研与访谈的机会，请创业企业相关负责人现场填写问卷，并收集纸质版调查问卷。②利用导师课题组资源，获得部分入驻平台的创业企业负责人的联系方式，通过发放电子版问卷的形式获取问卷。③研究人员自行从网上查找相关入驻平台的创业企业信息，之后以电子邮件的方式向相关负责人发放电子版问卷。④充分动用关系资源，委托同学、老师、朋友等向符合调研条件的企业人员发送问卷链接。本研究的问卷收集时间为 2020 年 11 月至 2021 年 3 月，调研样本来自小米生态链、美创平台、腾讯开放平台等 12 个平台的创业企业，问卷填写对象包括创业企业的创始人、高层管理人员、中层管理人员等。具体的问卷发放情况如表 6 - 1 所示，经过多种途径共计收回问卷 248 份，查验后发现 42 份问卷存在包括题项填写不全、所有题项答案完全相同、存在明显矛盾等问题，此类问卷都作无效问卷处理，最终收集到有效问卷 206 份，问卷回收有效率为 83.1%。

表 6 - 1　　问卷发放与回收情况统计

问卷发放方式	发放数量	回收数量	回收率	有效问卷数量
实地调研与访谈	55	49	78.70%	56
依靠课题组资源发放	113	97	79.70%	89
电子邮件发放	50	29	38.33%	19

续表

问卷发放方式	发放数量	回收数量	回收率	有效问卷数量
委托熟人发放	118	73	47.47%	42
合计	336	248	61.74%	206

6.1.2 描述性统计

进一步，本研究依据206份问卷中的企业信息，对样本基本情况做了简单的描述性统计分析，结果如表6-2所示。

表6-2　样本总体特征统计（N=206）

特征	类别	样本数	比例
性别	男	157	76.21%
	女	49	23.79%
受教育程度	大专及以下	33	16.02%
	本科	113	54.85%
	硕士	39	18.93%
	博士	21	10.19%
被访者职位	创始人	42	20.39%
	中高层管理者	136	66.02%
	其他	28	13.59%
企业成立时间	1年及以下	38	18.45%
	2—3年	85	41.26%
	4—5年	53	25.73%
	5年以上	30	14.56%
企业规模	10人以下	42	20.39%
	11—20人	73	35.44%
	21—50人	52	25.24%
	51—100人	34	16.50%
	100人以上	5	2.43%
行业类型	高科技行业	135	65.53%
	非高科技行业	71	34.47%

6.2 变量信度与效度检验

在本研究第 5 章的小样本测试中，对信度与效度不符合标准的题项进行了修正，为了保证正式调查数据适用于实证分析，本研究进一步运用 SPSS 与 AMOS 软件对 206 份样本数据进行信度及效度检验。其中，信度检验的方法及判断指标与第 5 章中小样本测试一致，同时运用验证性因子分析的方法检验量表题项的结构效度及变量的收敛效度，再对比各变量 AVE 平方根与相关系数以检验量表的区分效度。具体的信度与效度测量指标及参数检验通过标准如表 6-3 所示。

表 6-3 信度与效度测量指标及参数检验通过标准

统计指标	参数检验通过标准
克隆巴赫系数（α）	>0.7
校正的项总计相关数（CITC）	>0.4
卡方自由度比（χ^2/df）	<3
近似误差均方根（RSMEA）	<0.08
增值拟合指数（IFI）	>0.9
非标化拟合指数（TLI）	>0.9
比较拟合指数（CFI）	>0.9
标准载荷因子	>0.5
组合信度（CR）	>0.6
平均方差抽取量（AVE）	>0.5

资料来源：根据周俊（2020）、吴明隆（2010）等的研究整理而来。

6.2.1 耦合的信度与验证性因子分析

经过小样本测试修正后，互补性资产耦合的测量题项 CAC2-2 被删除，最终得到包含文化价值17个题项的耦合量表，表6-4是耦合量表中各题项的描述统计及信度检验结果。如表6-4所示，各变量子量表的α系数均大于0.7，每个题项的CITC值均大于0.5，且删除任何题项后的α值不会变大，说明耦合量表通过信度检验。

表6-4　　　　耦合量表的信度检验结果

变量	题项	均值	标准差	CITC值	删除题项后的α值	α
文化价值耦合	CVC1-1	3.709	0.6267	0.637	0.862	0.876
	CVC1-2	3.675	0.6670	0.694	0.852	
	CVC2-1	3.743	0.6453	0.721	0.848	
	CVC2-2	3.612	0.6660	0.690	0.853	
	CVC3-1	3.704	0.64372	0.725	0.847	
	CVC3-2	3.587	0.6841	0.616	0.866	
互补性资产耦合	CAC1-1	3.811	0.6538	0.670	0.829	0.858
	CAC1-2	3.850	0.6638	0.670	0.829	
	CAC2-1	3.791	0.6915	0.709	0.819	
	CAC3-1	3.781	0.6915	0.677	0.828	
	CAC3-2	3.733	0.6854	0.642	0.830	
	PSC1-2	3.631	0.6007	0.714	0.844	
物理系统耦合	PSC1-1	3.782	0.5892	0.584	0.865	0.872
	PSC1-2	3.631	0.6007	0.714	0.844	
	PSC2-1	3.641	0.6604	0.715	0.843	
	PSC2-2	3.680	0.6730	0.737	0.839	
	PSC3-1	3.699	0.6376	0.728	0.841	
	PSC3-2	3.646	0.6519	0.568	0.869	

进一步对文化价值耦合、互补性资产耦合、物理系统耦合进行验证性因子分析，得到测量题项及模型的主要拟合指标如表6-5所示。从表中的结果可知，χ2/df小于3，RMSEA值小于0.08，IFI、TLI、CFI值均大于

0.9，表明各题项的拟合效果较好。同时，各题项的标准因子载荷都大于0.5，且在 $p<0.001$ 的水平上统计显著，AVE 值均大于0.5，组合信度均大于0.6。因此可认为，耦合量表具有较好的收敛效度。

表6-5 耦合的验证性因子分析结果

潜在变量	观察变量	标准因子载荷	CR	AVE	拟合指标
文化价值耦合	CVC1-1	0.684	0.8767	0.5433	χ^2/df = 1.272 RSMEA = 0.079 IFI = 0.918 TLI = 0.903 CFI = 0.917
	CVC1-2	0.730			
	CVC2-1	0.774			
	CVC2-2	0.756			
	CVC3-1	0.792			
	CVC3-2	0.679			
互补性资产耦合	CAC1-1	0.755	0.8584	0.5485	
	CAC1-2	0.756			
	CAC2-1	0.777			
	CAC3-1	0.717			
	CAC3-2	0.695			
物理系统耦合	PSC1-1	0.649	0.8749	0.5403	
	PSC1-2	0.773			
	PSC2-1	0.783			
	PSC2-2	0.793			
	PSC3-1	0.771			
	PSC3-2	0.622			

6.2.2 社会资本的信度与验证性因子分析

表6-6是社会资本量表中各题项的描述统计及信度检验结果。如表所示，各子量表的 α 系数均大于0.7，每个题项的 CITC 值均大于0.5，且删除任何题项后的 α 值不会变大，说明社会资本量表通过信度检验。

表 6－6　　社会资本量表的信度检验结果

变量	题项	均值	标准差	CITC 值	删除题项后的 α 值	α
结构社会资本	SSC1	3.796	0.6456	0.689	0.875	0.891
	SSC2	3.738	0.6766	0.682	0.875	
	SSC3	3.767	0.7218	0.645	0.880	
	SSC4	3.835	0.6104	0.659	0.878	
	SSC5	3.806	0.5769	0.659	0.878	
	SSC6	3.752	0.6857	0.687	0.875	
	SSC7	3.791	0.6090	0.666	0.877	
	SSC8	3.689	0.6630	0.650	0.878	
关系社会资本	RSC1	3.816	0.7088	0.696	0.821	0.857
	RSC2	3.927	0.7051	0.691	0.823	
	RSC3	3.903	0.7260	0.764	0.791	
	RSC4	3.825	0.6390	0.659	0.836	

进一步对结构社会资本与关系社会资本进行验证性因子分析，结果如表 6－7 所示。从表中可知，$\chi2/df$ 为 1.562 ＜3，RMSEA 为 0.052 ＜0.08，IFI 为 0.974 ＞0.9，TLI 为 0.967 ＞0.9，CFI 为 0.974 ＞0.9，说明各题项具有较好的拟合效果。各题项的标准因子载荷都大于 0.5，且在 $p<0.001$ 的水平上统计显著，AVE 值均大于 0.5，组合信度均大于 0.6，说明社会资本量表的收敛效度较好。

表 6－7　　社会资本的验证性因子分析结果

潜在变量	观察变量	标准因子载荷	CR	AVE	拟合指标
结构社会资本	SSC1	0.729	0.8919	0.5077	$\chi^2/df=1.562$ RSMEA＝0.052 IFI＝0.974 TLI＝0.967 CFI＝0.974
	SSC2	0.723			
	SSC3	0.678			
	SSC4	0.710			
	SSC5	0.711			
	SSC6	0.732			
	SSC7	0.716			
	SSC8	0.700			

续表

潜在变量	观察变量	标准因子载荷	CR	AVE	拟合指标
关系社会资本	ESC1	0.749	0.857	0.6009	
	ESC2	0.777			
	ESC3	0.858			
	ESC4	0.709			

6.2.3 创业绩效的信度与验证性因子分析

根据小样本测试的结果，将不符合信度检验标准的题项 EP4 和 EP11 删除，最终得到包含 9 个题项的创业企业绩效量表。表 6－8 是创业企业绩效量表中各题项的描述统计及信度检验结果。如表所示，量表的 α 系数大于 0.7，各题项的 CITC 值均大于 0.5，且任何题项删除后的 α 值不会变大，说明创业企业绩效量表通过信度检验。

表 6－8　　　　创业企业绩效量表的信度检验结果

变量	题项	均值	标准差	CITC 值	删除题项后的 α 值	α
创业企业绩效	EP1	3.757	0.6396	0.742	0.913	0.923
	EP2	3.709	0.6645	0.737	0.913	
	EP3	3.709	0.7141	0.734	0.914	
	EP5	3.743	0.6892	0.735	0.913	
	EP6	3.762	0.6527	0.710	0.915	
	EP7	3.752	0.7135	0.687	0.917	
	EP8	3.718	0.7381	0.719	0.915	
	EP9	3.752	0.6262	0.693	0.916	
	EP10	3.723	0.6597	0.760	0.912	

创业企业绩效量表的验证性因子分析结果如表 6－9 所示。从表中可知，其 χ^2/df 为 1.121 < 3，RMSEA 值为 0.024 < 0.08，IFI 为 0.997 > 0.9，TLI 为 0.996 > 0.9，CFI 为 0.997 > 0.9，表明各题项具有较好的拟合效果。另外，各题项的标准因子载荷均大于 0.5，且在 $p < 0.001$ 的水平上统计显

著，AVE 值为 0.5738 >0.5，组合信度为 0.924 >0.6。因此可认为，创业企业绩效量表的收敛效度较好。

表 6-9 创业企业绩效量表的信度检验结果

潜在变量	观察变量	标准因子载荷	CR	AVE	拟合指标
创业企业绩效	EP1	0.779	0.9237	0.5738	χ^2/df = 1.121 RSMEA = 0.024 IFI = 0.997 TLI = 0.996 CFI = 0.997
	EP2	0.770			
	EP3	0.766			
	EP5	0.770			
	EP6	0.739			
	EP7	0.716			
	EP8	0.753			
	EP9	0.725			
	EP10	0.797			

6.2.4 平台正式治理的信度与验证性因子分析

表 6-10 是平台正式治理量表中各题项的描述统计及信度检验结果。如表所示，该变量子量表的 α 系数大于 0.7，每个题项的 CITC 值均大于 0.5，且任何题项删除后的 α 值不会变大，说明平台正式治理量表通过信度检验。

表 6-10 平台正式治理量表的信度检验结果

变量	题项	均值	标准差	CITC 值	删除题项后的 α 值	α
平台正式治理	FG1	3.597	0.5015	0.593	0.756	0.798
	FG2	3.641	0.5199	0.660	0.723	
	FG3	3.665	0.5405	0.577	0.764	
	FG4	3.612	0.5628	0.615	0.746	

平台正式治理量表的验证性因子分析结果如表 6-11 所示。从结果中可知，其$\chi2$/df 小于 3，RMSEA 值小于 0.08，IFI、TLI、CFI 值都大于 0.9，表明各题项具有较好的拟合效果。各题项的标准因子载荷均大于 0.5，且

在 $p < 0.001$ 的水平上统计显著，AVE 为 0.5297 > 0.5，CR 为 0.8161 > 0.6。因此可认为，平台正式治理量表的收敛效度较好。

表 6－11　　平台正式治理的验证性因子分析结果

潜在变量	观察变量	标准载荷因子	CR	AVE	拟合指标
平台正式治理	FG1	0.680	0.7998	0.5007	χ^2/df = 0.026
	FG2	0.775			RSMEA = 0.00
	FG3	0.658			IFI = 1.008　TLI = 1.025
	FG4	0.712			CFI = 1.00

6.2.5　整体区分效度与变量相关性分析

前文中的验证性因子分析，检验了各题项及变量的结构效度和收敛效度，在此基础上，本研究进一步分析各变量之间的区分效度。根据 AVE 法，若各变量间具有区分效度，则其相关系数应小于变量的 AVE 平方根值，因此，本研究对各变量进行相关性分析，结果如表 6－12 所示。在表 6－12 中，对角线上的 AVE 平方根值均大于非对角线上的变量间相关系数，表明量表的区分效度较好。同时，还反映了耦合、社会资本、创业企业绩效之间存在相关性，可进一步实证验证理论假设。

表 6－12　　变量间区分效度及相关分析

变量	均值	标准差	1	2	3	4	5	6	7	8	9	10
企业年龄	3.07	1.15	—									
企业规模	2.75	0.72	0.320	—								
行业类型	0.56	0.53	－0.015	－0.107	—							
文化价值耦合	3.69	0.51	0.023	0.152*	0.047	0.737						
互补性资产耦合	3.88	0.58	－0.045	0.156*	0.036	0.530**	0.741					
物理系统耦合	3.67	C.55	－0.010	0.123	－0.062	0.575**	0.460**	0.735				

续表

变量	均值	标准差	1	2	3	4	5	6	7	8	9	10
结构社会资本	3.77	0.49	0.147*	0.188**	0.068	0.480**	0.457**	0.441**	0.713			
关系社会资本	3.87	0.58	0.053	0.198**	0.089	0.579**	0.520**	0.387**	0.516**	0.775		
平台正式治理	3.63	0.42	0.007	0.090	0.068	0.113	0.151*	0.168*	0.225**	0.036	0.708	
创业企业绩效	3.73	0.54	-0.009	0.194**	0.016	0.548**	0.579**	0.496**	0.538**	0.608**	0.151*	0.757

注：** 代表 $p<0.01$；* 代表 $p<0.05$。

6.2.6 同源方法偏差检验

由于本研究所用调查问卷的所有题项均由同一受访者在同一时间完成，为避免问卷调查中变量之间人为共变对研究结果和结论产生潜在误导，用 Harman 单因素法检验同源方法偏差。本研究未旋转的因子分析结果表明，第一个主成分的方差贡献率为 32.382%，没有解释力特别强的单因子，说明问卷数据并不存在严重的同源方法偏差。

6.3 假设检验

本节基于问卷数据，运用层次回归方法验证各变量间的关系，以实证检验第 4 章中提出的研究假设。为确保结果分析的可靠性，每次回归时均对模型的多重共线性问题、异方差问题，以及序列相关问题进行检验，在检验结果均达到标准后再进一步对模型结果进行分析。其中，多重共线性问题检验主要是对回归模型的 VIF 值进行判断，本研究中所有模型的 VIF

值均小于 10，表明变量间没有明显的多重共线性问题。异方差问题检验是依据残差值散布图，若散布图的点在 0 值上下随机分布，则认为符合方差齐性假设。序列相关问题用模型的 DW 值进行判断，若 DW 值在 2 附近，表示回归模型不存在序列相关问题，本研究的所有模型均满足以上检验。

6.3.1　耦合对创业企业绩效的作用检验

表 6－13 是耦合对创业企业绩效影响的层次回归分析结果，其中，模型 1 仅检验三个控制变量对创业企业绩效的影响。模型 2 在模型 1 的基础上将自变量加入，检验文化价值耦合、互补性资产耦合、物理系统耦合对创业企业绩效的影响。模型 1 的拟合优度为 $R^2=0.031$，F 值仅为 3.174，且各变量对创业企业绩效的不显著，说明企业年龄、企业规模和行业类型对创业企业绩效不存在显著影响。从模型 2 的分析结果中可知，模型整体拟合较好，且耦合的三个维度对创业企业绩效均有显著影响。其中，文化价值耦合对创业企业绩效的回归系数为 0.243（$p<0.01$），表明文化价值耦合与创业企业绩效存在显著的正相关关系，假设 H1a 得到验证；互补性资产耦合对创业企业绩效的回归系数为 0.349（$p<0.001$），表明互补性资产耦合与创业企业绩效有显著的正相关关系，假设 H1b 得到验证；物理系统耦合对创业企业绩效的回归系数为 0.185（$p<0.01$），表明物理系统耦合与创业企业绩效间有显著的正相关关系，假设 H1c 得到验证。

表 6－13　　耦合对创业企业绩效影响的回归分析结果

变量	创业企业绩效	
	模型 1	模型 2
控制变量：		
企业年龄	－0.081	－0.026
企业规模	0.224	0.090
行业类型	0.039	0.013

续表

变量	创业企业绩效	
	模型 1	模型 2
自变量：		
文化价值耦合		0. 243**
互补性资产耦合		0. 349***
物理系统耦合		0. 185**
模型统计量：		
R^2	0. 045	0. 445
调整后的 R^2	0. 031	0. 428
ΔR^2	—	0. 4
F	3. 174*	26. 565***

注：*** 代表 $p<0.001$；** 代表 $p<0.01$；* 代表 $p<0.05$。

6. 3. 2 耦合对社会资本的作用检验

表 6 - 14 是耦合对社会资本影响的回归分析结果，模型 3 和模型 5 分别检验控制变量对结构社会资本与关系社会资本的影响，模型 4 和模型 6 分别在模型 3 和模型 5 的基础上加入耦合的三个维度，检验耦合对结构社会资本与关系社会资本的影响。模型 3 和模型 5 的结果显示，行业规模对企业社会资本有显著的正向影响，但企业年龄和行业类型对结构社会资本与关系社会资本的影响均不显著。模型 4 显示，模型整体拟合较好，且耦合的三个维度对结构社会资本均有显著影响。其中，文化价值耦合对结构社会资本的回归系数为 0. 221（$p<0.01$），说明文化价值耦合与结构社会资本间存在显著的正相关关系，假设 H2a 得以验证；互补性资产耦合对结构社会资本的回归系数为 0. 243（$p<0.001$），表明互补性资产耦合与结构社会资本间具有显著的正相关关系，假设 H2b 得到验证；物理系统耦合对结构社会资本的回归系数为 0. 202（$p<0.01$），表明物理系统耦合与结构社会资本间有显著的正相关关系，假设 H2c 得到验证。同理，模型 6 显

示，模型整体拟合较好，其中，文化价值耦合正向影响关系社会资本（β = 0.399，$p < 0.001$），假设 H2d 得到验证；互补性资产耦合正向影响关系社会资本（β = 0.284，$p < 0.001$），假设 H2e 得到验证；而物理系统耦合对关系社会资本的回归效应不显著（p 值不显著），表明物理系统耦合与关系社会资本的相关关系不显著，假设 H2f 未得到验证。

表 6 – 14　耦合对社会资本影响的回归分析结果

变量	结构社会资本		关系社会资本	
	模型 3	模型 4	模型 5	模型 6
控制变量：				
企业年龄	0.095	0.139*	–0.013	0.030
企业规模	0.167*	0.055	0.214**	0.088
行业类型	0.087	0.069	0.112	0.071
自变量：				
文化价值耦合		0.221**		0.399***
互补性资产耦合		0.243**		0.284***
物理系统耦合		0.202**		0.021
模型统计量：				
R^2	0.052	0.412	0.052	0.412
调整后的 R^2	0.038	0.394	0.038	0.394
ΔR^2	—	0.361	—	0.361
F	3.663*	23.256***	3.663*	23.256***

注：*** 代表 $p < 0.001$；** 代表 $p < 0.01$；* 代表 $p < 0.05$。

6.3.3　社会资本对创业企业绩效的作用检验

表 6 – 15 是社会资本对创业企业绩效影响的回归分析结果，模型 7 检验社会资本对创业企业绩效的影响。从模型结果可看出，模型整体拟合较好，且两个维度的社会资本均显著影响创业企业绩效。其中，结构社会资本对创业企业绩效的回归系数为 0.314（$p < 0.001$），表明结构社会资本与创业企业绩效间具有显著的正相关关系，假设 H3a 得到验证；关系社会资

本对创业企业绩效的回归系数为0.439（$p<0.001$），表明关系社会资本与创业企业绩效间具有显著的正相关关系，假设H4a得到验证。

表6-15　社会资本对创业企业绩效影响的回归分析结果

变量	创业企业绩效	
	模型1	模型7
控制变量：		
企业年龄	-0.081	-0.105
企业规模	0.224	0.078
行业类型	0.039	-0.038
自变量：		
结构社会资本		0.314***
关系社会资本		0.439***
模型统计量：		
R^2	0.045	0.451
调整后的R^2	0.031	0.437
ΔR^2	—	0.406
F	3.174*	32.884***

注：***代表$p<0.001$；**代表$p<0.01$；*代表$p<0.05$。

6.3.4 社会资本在耦合与创业企业绩效间的中介效应检验

本研究参考温忠麟和张雷等（2006）及Baron和Kenny（1986）提出的中介效应检验的方法，验证社会资本在耦合与创业企业绩效间的中介作用，主要包括三个步骤：第一步是检验自变量对因变量的回归显著性，若显著，则继续；第二步是检验自变量对中介变量回归系数的显著性，若显著，则继续；第三步是同时将自变量与中介变量对因变量进行回归，若自变量系数仍显著，但对比第一步中的系数明显变小，则为部分中介；若自变量系数不显著则为完全中介，本研究的检验结果如表6-16所示。

表 6 - 16　　社会资本中介效应的层次回归结果

变量	创业企业绩效	结构社会资本	关系社会资本	创业企业绩效	
	模型 2	模型 4	模型 6	模型 8	模型 9
控制变量：					
企业年龄	-0.026	0.139*	0.030	-0.061	-0.039
企业规模	0.090	0.055	0.088	0.076	0.049
行业类型	0.013	0.069	0.071	-0.005	-0.007
自变量：					
文化价值耦合	0.243**	0.221**	0.399***	0.187**	0.11*
互补性资产耦合	0.349***	0.243**	0.284***	0.288***	0.245***
物理系统耦合	0.185**	0.202**	0.021	0.134*	0.197**
中介变量：					
结构社会资本				0.252***	
关系社会资本					0.348***
模型统计量：					
R^2	0.445	0.342	0.412	0.486	0.510
调整后的 R^2	0.428	0.322	0.394	0.468	0.493
ΔR^2	0.4	0.29	0.361	0.041	0.065
F	26.565***	17.218***	23.256***	26.784**	29.487***

注：*** 代表 $p<0.001$；** 代表 $p<0.01$；* 代表 $p<0.05$。

表 6 - 16 中，模型 2 是耦合影响创业企业绩效的回归模型；模型 4 是耦合影响结构社会资本的回归模型；模型 6 是耦合影响关系社会资本的回归模型，其中，除了物理系统耦合对关系社会资本的影响并未得到验证外，其余耦合维度对创业企业绩效、社会资本的正向影响均得到验证。模型 8 在模型 2 的基础上控制了结构社会资本，整体模型拟合效果较好，且各自变量的系数仍显著，但是相比模型 2，系数明显降低，说明结构社会资本在耦合与创业企业绩效之间的中介作用得到验证，即假设 H3b、H3c、H3d 得到验证。模型 9 是在模型 2 的基础上控制了关系社会资本，由于模型 6 中物理系统耦合对关系社会资本的影响并不显著，因此可知关系社会资本在物理系统耦合与创业企业绩效之间不存在中介效应，而文化价值耦

合与互补性资产耦合在控制了关系社会资本后，各自变量的系数仍显著，且相对于模型2有明显下降，表明关系社会资本在文化价值耦合及互补性资产耦合与创业企业绩效之间的中介作用得到验证，即假设H4b、H4c得到验证，假设H4d未得到验证。

6.3.5 平台正式治理的调节效应检验

根据本书第4章提出的理论假设模型可知，平台正式治理在耦合与创业企业绩效之间的关系、耦合与社会资本之间的关系中起到调节作用，根据温忠麟和张雷等（2006）提出的有中介的调节效应检验方法，首先做自变量X、调节变量U、交互项UX对Y的回归分析，验证U对X与Y之间的关系是否具有调节效应；其次做X、U、XU对中介变量M的回归分析，验证U对X与M之间的关系是否具有调节效应；最后，做X、U、UX、M对Y的回归分析，验证U在整体有中介的模型中存在的调节效应。表6-17是检验平台正式治理在耦合与创业企业绩效及耦合与社会资本间关系间调节作用的回归模型，其中，模型10是将三个控制变量、自变量三个维度、调节变量纳入模型，对因变量进行回归的结果；模型11是在模型10的基础上加入自变量与调节变量的交乘项进行回归的结果，模型12和模型13是控制变量、自变量、调节变量，以及自变量与调节变量交乘项对结构社会资本与关系社会资本进行回归的结果；模型14和模型15是分别在模型11的基础上加入中介变量后的回归分析结果，以验证平台正式治理对耦合与创业企业绩效中有中介的调节效应。

表6-17　平台正式治理调节检验的层次回归结果

变量	创业企业绩效		结构社会资本	关系社会资本	创业企业绩效	
	模型10	模型11	模型12	模型13	模型14	模型15
控制变量：						
企业年龄	-0.026	-0.086	0.073	-0.014	-0.089	-0.083
企业规模	0.088	0.088	0.047	0.097	0.086	0.069
行业类型	0.010	0.012	0.062	0.073	0.009	-0.003

续表

变量	创业企业绩效		结构社会资本	关系社会资本	创业企业绩效	
	模型 10	模型 11	模型 12	模型 13	模型 14	模型 15
自变量：						
文化价值耦合	0.244**	0.138*	0.120	0.342***	0.133*	0.070
互补性资产耦合	0.346***	0.27***	0.133*	0.199**	0.265***	0.231***
物理系统耦合	0.181**	0.115	0.113	-0.029	0.111	0.121*
中介变量：						
结构社会资本					0.256	
关系社会资本						0.199**
调节变量：						
平台正式治理	0.032	0.005	0.107*	-0.088	0.001	0.023
交互项：						
文化价值耦合 × 平台正式治理		0.172*	0.200*	0.265***	0.1645*	0.119*
互补性资产耦合 × 平台正式治理		0.288***	0.233***	0.133*	0.279***	0.262***
物理系统耦合 × 平台正式治理		0.189**	0.282***	0.125	0.179**	0.164*
模型统计量：						
R^2	0.446	0.580	0.515	0.500	0.581	0.600
调整后的 R^2	0.426	0.558	0.490	0.475	0.557	0.577
ΔR^2	—	0.134	0.158	0.083	0.001	0.020
F	22.748***	26.909***	20.681***	19.530***	24.412***	26.41***

注：*** 代表 $p<0.001$；** 代表 $p<0.01$；* 代表 $p<0.05$。

从表 6－17 的回归结果看，模型 10 表明平台正式治理对创业企业绩效的影响不显著。为降低变量之间多重共线性的影响，在验证调节效应之前对各变量进行中心化处理，并计算出自变量与调节变量的交乘项。模型 11 的结果表明，模型整体拟合度较好，平台正式治理与文化价值耦合的交互项对创业企业绩效呈现显著的正向影响（$\beta=0.172$，$p<0.05$）；平台正式治理与互补性资产耦合的交互项对创业企业绩效呈现显著的正向影响（$\beta=0.288$，$p<0.001$）；平台正式治理与物理系统耦合的交互项对创业企业绩效有显著的正向影响（$\beta=0.189$，$p<0.01$），表明平台正式治理对文化价值耦合、互补性资产耦合、物理系统耦合与创业企业绩效的关系具有正向调节作用，假设 H5a、H5b、H5c 得到验证。模型 12 的结果表明，模

型整体拟合度较好，平台正式治理与文化价值耦合的交互项对结构社会资本呈现显著的正向影响（$\beta = 0.2$，$p < 0.05$）；平台正式治理与互补性资产耦合的交互项对结构社会资本呈现显著的正向影响（$\beta = 0.233$，$p < 0.001$）；平台正式治理与物理系统耦合的交互项对结构社会资本呈现显著的正向影响（$\beta = 0.282$，$p < 0.001$）。由此可知，平台正式治理对文化价值耦合、互补性资产耦合、物理系统耦合与结构社会资本的关系中具有正向调节作用，假设 H6a、H6b、H6c 得到验证。模型 13 的结果表明，平台正式治理与文化价值耦合的交互项对关系社会资本呈现显著的正向影响（$\beta = 0.304$，$p < 0.05$）；平台正式治理与互补性资产耦合的交互项对关系社会资本呈现显著的正向影响（$\beta = 0.133$，$p < 0.05$）；平台正式治理与物理系统耦合的交互项对关系社会资本的影响并不显著（$p > 0.05$）。由此可知，平台正式治理在文化价值耦合、互补性资产耦合与关系社会资本的关系中具有正向调节作用，假设 H6d、H6e 得到验证，假设 H6f 未得到验证。

模型 14 和模型 15 在模型 11 的基础上，分别加入中介变量结构社会资本和关系社会资本。从模型 14 的结果可以看出，加入结构社会资本后，其对创业企业绩效的影响不显著，表明结构社会资本在耦合与创业企业绩效之间没有起到有调节的中介作用；模型 15 的结果表明，加入关系社会资本后，其对创业企业绩效的影响仍然显著（$\beta = 0.199$，$p < 0.01$），表明关系社会资本在耦合与创业企业之间的关系中起到了调节的中介作用。

6.4 结果与讨论

6.4.1 假设检验结果汇总

在第 4 章提出的耦合、社会资本、创业企业绩效、平台正式治理间关系的理论模型与研究假设基础上，本章根据问卷数据进行了实证分析，汇总的假设检验结果如表 6－18 所示。

表 6－18　研究假设检验汇总表

序号	研究假设	检验结果
H1	耦合与创业企业绩效关系	支持
	H1a：文化价值耦合与创业企业绩效正相关	支持
	H1b：互补性资产耦合与创业企业绩效正相关	支持
	H1c：物理系统耦合与创业企业绩效正相关	
	耦合与社会资本关系	
H2	H2a：文化价值耦合对结构社会资本有显著的正向影响	支持
	H2b：互补性资产耦合对结构社会资本有显著的正向影响	支持
	H2c：物理系统耦合对结构社会资本有显著的正向影响	支持
	H2d：文化价值耦合对关系社会资本有显著的正向影响	支持
	H2e：互补性资产耦合对关系社会资本有显著的正向影响	支持
	H2f：物理系统耦合对关系社会资本有显著的正向影响	不支持
	结构社会资本在耦合与创业企业绩效关系中的中介作用	
H3	H3a：结构社会资本对创业企业绩效有显著的正向影响	支持
	H3b：结构社会资本在文化价值耦合与创业企业绩效间的关系中起中介作用	支持
	H3c：结构社会资本在互补性资产耦合与创业企业绩效间的关系中起中介作用	支持
	H3d：结构社会资本在物理系统耦合与创业企业绩效间的关系中起中介作用	支持
	关系社会资本在耦合与创业企业绩效关系中的中介作用	
H4	H4a：关系社会资本对创业企业绩效有显著的正向影响	支持
	H4b：关系社会资本在文化价值耦合与创业企业绩效间的关系中起中介作用	支持
	H4c：关系社会资本在互补性资产耦合与创业企业绩效间的关系中起中介作用	支持
	H4d：关系社会资本在物理系统耦合与创业企业绩效间的关系中起中介作用	不支持
	平台正式治理对耦合与创业企业绩效间关系的调节作用	
H5	H5a：平台正式治理正向调节文化价值耦合与创业企业绩效之间的关系	支持
	H5b：平台正式治理正向调节互补性资产耦合与创业企业绩效之间的关系	支持
	H5c：平台正式治理正向调节物理系统耦合与创业企业绩效之间的关系	支持
	平台正式治理对耦合与社会资本之间关系的调节作用	

续表

序号	研究假设	检验结果
H6	H6a：平台正式治理正向调节文化价值耦合与结构社会资本之间的关系	支持
	H6b：平台正式治理正向调节互补性资产耦合与结构社会资本之间的关系	支持
	H6c：平台正式治理正向调节物理系统耦合与结构社会资本之间的关系	支持
	H6d：平台正式治理正向调节文化价值耦合与关系社会资本之间的关系	支持
	H6e：平台正式治理正向调节互补性资产耦合与关系社会资本之间的关系	支持
	H6f：平台正式治理正向调节物理系统耦合与关系社会资本之间的关系	不支持

6.4.2 结果讨论

（1）耦合与创业企业绩效的关系

主体间相互依赖、相互影响的耦合关系是平台企业主导型创业生态系统的重要特征，也是系统“生态性”的本质体现。本研究通过理论与案例分析，归纳出平台企业主导型创业生态系统内主体间的耦合主要包括文化价值耦合、互补性资产耦合和物理系统耦合，并从创业企业的角度，探索与平台生态参与主体间耦合对创业企业绩效的影响。假设 H1a、H1b、H1c 得到数据支持，表明创业企业与平台企业主导型创业生态系统内层生态主体间耦合的三个维度对创业企业绩效均有显著的正向影响。

第一，从文化价值耦合的角度看，拥有相同的价值观和共同的目标愿景能够增加组织间的身份认同，形成基于文化的精神耦合，提高对彼此行为的认可度，进而有利于提升平台生态内其他主体与创业企业进行交流、交换的意愿与能力，克服创业资源拥有者共享资源的“意愿瓶颈”。同时，文化价值耦合可作为推动平台生态各参与方协同共演的共享制度逻辑，能基于文化与价值观约束或指引参与者的行为，因而有利于降低主体间的协调成本，减少不良竞争，使平台生态整体价值共创实现，提高创业企业创业成功率。

第二，从互补性资产耦合的角度看，能否拥有互补性资产是决定创业成败的关键因素，平台生态的资源集聚特征使其成为“资源洼地”，是吸引创业企业加入平台生态的初始动机与关键动力。互补性资产耦合是生态主体间进行资源交换进而实现各自发展目标的重要条件，其中，创业企业与平台生态主体的专业化互补性资产（如知识、供应商、渠道商等）的耦合程度高表明，创业企业能够从平台生态中获得创业成功所需的关键资源，解决因新进入缺陷导致的资源匮乏；创业企业与平台生态主体的共同依赖互补性资产的耦合程度高，则有利于创业企业借助平台企业的合法性溢出快速获取合法性资源，获得公众、市场与政府机构的认可。同时，互补性资产耦合能有效推动主体间双边依赖关系的形成，各生态主体的成功有助于生态整体价值共创实现，反之则可能导致价值共毁，这将降低各生态参与者机会主义行为发生的概率，提高主体间合作关系的稳定性。由此可知，互补性资产耦合程度高能提高平台生态主体对创业企业进行资源共享的能力与意愿，推动创业绩效提升。

第三，从物理系统耦合的角度看，模块化结构是平台企业主导型创业生态系统的重要特征，物理系统耦合作为主体间交流、交换、交互的物理支持载体，借助平台界面能将各生态主体组成的独立模块串联起来，成为模块间集成实现的“黏合剂”，进而提高资源与信息交换的效率。物理系统耦合使创业企业深度嵌入平台各类活动中，为主体间的沟通协调与互动提供了场域，同时通过系统界面将创业企业与供应商、用户等价值链上下游参与者连接起来，有助于生态参与者为了客户的利益共同提供方案与资源，实现平台生态整体价值共创，进而提升创业企业绩效。

（2）社会资本的中介作用

第一，从耦合对结构社会资本与关系社会资本的影响看，实证研究结果表明，文化价值耦合、互补性资产耦合、物理系统耦合均对结构社会资本有显著的正向影响；文化价值耦合、互补性资产耦合对关系社会资本有显著的正向影响，物理系统耦合对关系社会资本的促进作用并不显著。可能的原因在于：不同维度的耦合对关系质量的影响差异。从耦合的三个维度看，文化价值耦合属于主体间基于文化与价值观的耦合关系；互补性资产耦合属于主体间基于利益的耦合关系；物理系统耦合则是基于平台载体的耦合；由此可推出，物理系统耦合作用推动下的主体间耦合效果将低于前两类耦合维度。从社会资本的两个维度看，结构社会资本是创业企业与创业相关者联系的数量及紧密程度，而关系社会资本则是合作伙伴之间的信任与承诺，是更高层次的关系类型。创业企业与平台生态主体间的文化价值耦合和互补性资产耦合均能推动主体间形成共同的目标，进而在增加联系紧密性的同时，基于共同目标愿景有利于增强对彼此的信任程度。然而，物理系统耦合仅依靠平台载体将主体间联系起来，能够帮助创业企业搭建对外联系的“桥梁”，有利于结构社会资本的形成，对于更高层次的基于信任与承诺的关系社会资本，物理系统耦合的作用则并不明显。

第二，从社会资本对创业企业绩效的影响看，实证研究结果显示，结构社会资本和关系社会资本均对创业企业绩效有正向影响，这与现有诸多研究（唐丽艳等，2014；程聪和谢洪明，2013；王国顺，2011）的结论一致。创业活动的本质就是创业者以动用、构建和维持社会资本的方式发现创业机会，并获取机会开发所需资源的行动过程（Larson 和 Starr，1993）。对于具有“新生弱性”的创业企业而言，创业资源匮乏、行业经验缺乏、合法性不足等是导致其难以生存的关键原因（Stinchcombe，1965），利用关系网络弥补资源缺陷成为创业企业快速获取创业所需资源的重要渠道。连接和整合资源供需方是平台生态商业模式的重要体现，通过广泛连接交易主体，能推动创业企业与其他创业利益相关者形成网络关系，实现供需精准匹配。同时，基于平台生态的共同目标愿景能形成以主体间强信任为特征的关系社会资本，进而有利于节约交易成本、提高交易效率，促进创业企业绩效提升。

第三，本研究进一步探究了耦合、社会资本作用于创业企业绩效的路径与机制。研究发现，结构社会资本在文化价值耦合、互补性资产耦合、物理系统耦合对创业企业绩效的关系中均发挥着部分中介的作用；关系社会资本在文化价值耦合、互补性资产耦合对创业企业绩效的关系中发挥部分中介的作用。平台企业主导型创业生态系统通过强大的资源整合能力，能够将创业利益相关者纳入平台生态内，使其成为拥有丰富社会资本的高级生态网络，有利于社会关系的形成。同时，在生态网络内，创业企业与平台企业及创业企业与其他创业企业间的耦合关系将提升系统整体有效性，进而有利于激活社会资本，增强各类创业利益相关者与创业企业实现价值共创的意愿和能力，因此有利于创业绩效的提升。本研究结果揭开了平台企业主导型创业生态系统的赋能机理“黑箱”，论证了“耦合—社会资本—创业企业绩效”路径关系的合理性，刻画了创业企业与平台内层生态主体间耦合如何影响创业企业社会资本，进而最终作用于创业企业绩效的内在机制。

（3）平台正式治理的调节作用

在验证了耦合、社会资本与创业企业绩效的作用路径机理后，本研究进一步探索了平台正式治理在耦合影响社会资本与绩效关系路径中的调节作用，得到如下主要结论：

第一，平台正式治理对文化价值耦合、互补性资产耦合、物理系统耦合与创业企业绩效的关系具有正向调节作用，即在平台正式治理程度较高的情况下，耦合对创业企业绩效的推动作用更加强烈。在平台企业主导型创业生态系统下，各种耦合要素推动了主体间形成相互依赖、相互影响的共生互生关系，使各主体间结为“一荣俱荣、一损俱损”的利益共同体，这种关系一方面能提升主体间进行资源交换与共享的能力与意愿，帮助创业企业借助平台内其他主体的资源取得创业成功，实现价值共创；另一方面，在此耦合关系的作用下，可能因为其中某一主体的短期机会主义行为，导致生态整体的价值共毁，产生“公地悲剧”。平台正式治理通过平台企业制定的交易规则与平台管理机制等，为约束生态参与者的机会主义行为提供了有效机制，并规定了平台企业的相关责权利，有助于维护创业企业的利益，因此，平台正式治理在耦合与创业企业绩效的关系间具有显著的正向调节作用。

第二，平台正式治理对文化价值耦合、互补性资产耦合、物理系统耦合与结构社会资本的关系具有正向调节作用，即在平台正式治理程度较高的情况下，耦合对结构社会资本的推动作用更加强烈。在平台正式治理水平较高的情况下，制定了平台生态参与主体进入与退出平台的机制，进而能降低供应商、用户等主体对与创业企业合作不确定性的担忧，为创业企业提供“信用背书”，推动其他利益相关者更愿意与创业企业合作，因此有益于强化耦合对结构社会资本的关系。

第三，平台正式治理对文化价值耦合、互补性资产耦合与关系社会资本的关系具有正向调节作用。关系社会资本是组织间关系的较高级形式，在平台正式治理程度较高的情况下，对参与主体的行为以制度的形式进行了规制，对于行为有损生态利益的主体规定了惩治措施，将有效减少机会主义行为发生的可能性，为企业间的信任关系提供了规范的制度保障，有益于强化耦合对社会资本的关系。

6.5 本章小结

本章的主要目标是运用大样本实证检验本研究的概念模型和研究假设。首先，本章介绍了研究数据的收集方法，并对所得数据进行了样本描述与统计。其次，以 SPSS 与 AMOS 软件作为分析工具，检验数据的信度、效度。再次，基于有效样本的分析，对第 4 章中提出的相关理论假设进行实证检验，验证平台企业主导型创业生态系统下，创业企业与内部生态主体间耦合对社会资本和创业绩效的影响，并进一步探讨了社会资本在耦合与创业绩效关系间的中介作用及作用路径，同时验证了平台正式治理对“耦合—社会资本—创业企业绩效”的调节作用。最后，深入分析与讨论实证分析结果。

第 7 章

研究结论与展望

7.1　研究结论

本研究根据我国当前“双创”背景下面临的“两多”与“两难”现实困境，结合小米、海尔等平台企业在创业孵化中取得的成绩，提出“为什么创业企业加入平台企业主导型创业生态系统能有效提升其绩效，平台企业主导型创业生态系统是如何对创业企业赋能的?”这一核心问题，并将其进一步分解为四个具体子问题。围绕研究问题，本研究首先梳理了相关文献研究成果；其次，运用探索性案例研究法，推导了创业企业与平台内部生态主体间耦合、社会资本、创业企业绩效，以及平台正式治理之间的关系与作用机制；再次，结合现有理论，逻辑推导与细化分析各变量之间的关系，形成本研究的概念模型与基本假设；最后，以 206 份数据为样本，运用多元回归分析方法对研究提出的相关假设进行实证检验，同时验证了社会资本在耦合与创业企业绩效之间发挥的中介作用，以及平台正式治理在耦合与创业企业绩效之间的调节作用。针对本研究初始提出的四个子问题，研究得出以下主要结论：

（1）主体间耦合是平台企业主导型创业生态系统的本质特征，通过参与主体间有效耦合形成系统合力，进而调动整体系统资源产生价值共创既是平台企业主导型创业生态系统赋能的重要途径，也是生态内创业企业绩效提升的关键原因。本研究通过案例分析及对现有研究的梳理与归纳，认为在平台企业主导型创业生态系统内，创业企业与平台企业及创业企业之间存在着较强的相互依赖、相互影响的耦合关系。从系统整体层面看，此种关系推动了系统整体性的提升，进而能够发挥生态杠杆作用，促使平台生态参与者突破资源调动的约束，提高新资源组合的机会，实现整体价值共创。从创业企业个体层面看，创业企业与平台生态参与者间的耦合关系是其生态参与者身份的重要体现，也是获取平台生态赋能进而提升创业绩效的关键要素与前提条件。进一步，可将推动平台企业主导型创业生态系统主体间耦合关系形成的关键耦合要素分为文化价值耦合、互补性资产耦合、物理系统耦合。其中，文化价值耦合属于精神文化层面的耦合，是主体间顺畅“交流”的基础；互补性资产耦合属于资源利益层面的耦合，不仅是主体间进行资源“交换”的核心，也是生态参与者加入平台生态的关键动力；物理系统耦合属于平台物理载体层面的耦合，也是平台数字化赋能的体现，是主体间实现资源与信息“交互”的载体，能助推耦合关系的形成，提高资源共享的效率。此三个维度的耦合要素使创业企业与平台生态主体间形成相互依赖、亲密结合的耦合共生关系。

（2）文化价值耦合、互补性资产耦合、物理系统耦合均对创业绩效提升产生了积极的促进作用。各维度的耦合通过推动生态参与者之间组织认同、形成相对稳定的双边依赖关系、将生态参与者组成的模块化联结起来等方式，能够助推生态参与者之间构建起共同的目标愿景，进而提升资源共享的能力与意愿，使创业企业快速获得创业成功所需的各类资源和合法性，克服因新进入缺陷导致的创业失败。同时，耦合能降低主体间的沟通交流成本等，促进组织学习的实现，最终作用于创业企业绩效的提升。

（3）耦合对创业企业社会资本有积极影响，且通过社会资本对创业绩效的积极影响间接地传递了对创业绩效的影响作用，社会资本在耦合与创业绩效的关系中发挥部分中介作用，加入平台生态获取社会资本是平台企业主导型创业生态系统赋能实现的重要途径。平台企业主导型创业生态系统可视为一种高级形态的网络形式，丰富的社会资本是其主要的特征之一，对创业企业，由于自身的新而小，借由社会资本获得创业所需资源是其取得创业成功的捷径。本研究将社会资本分为结构维度与关系社维度，其中，结构社会资本表现为网络结构与网络配置，关系社会资本表现为组织间信任和承诺。研究表明，耦合对结构社会资本与关系社会资本的影响效应存在差异，具体而言，文化价值耦合、互补性资产耦合与物理系统耦合均对结构社会资本有显著的提升作用；文化价值耦合、互补性资产耦合对关系社会资本的显著提升作用也得到验证，而物理系统耦合对关系社会资本的促进作用并不显著。这表明仅通过平台载体的推动难以促进组织间关系的进一步深化，还需要配合其他形式的组织间耦合，才能提升系统整体关系的质量。同时，研究证实了在平台企业主导型创业生态系统内，社会资本对创业企业绩效的显著提升作用，这也印证和丰富了现有关于社会资本提升创业企业绩效的相关研究，强调了社会资本对创业企业的重要性。另外，本研究验证了社会资本在耦合与创业企业之间的中介作用，证实了“耦合—社会资本—创业企业绩效”这一路径关系的存在，揭开了平台企业主导型创业生态系统对创业企业赋能的机理与作用路径。

（4）平台正式治理在耦合作用于创业企业绩效与社会资本的影响机制中发挥了重要的调节作用，是平台企业主导型创业生态系统赋能实现的保障性制度机制。研究发现，无论是耦合对创业企业绩效的影响路径，还是耦合对社会资本的影响过程，平台正式治理都发挥着重要的调节作用。具体表现为：在平台正式治理程度较高的情况下，耦合对创业企业绩效与社会资本的正向影响更加强烈。这是由于各维度的耦合将生态参与主体联系为利益共同体，当所有主体为了平台的长期目标愿景共同努力时，能够实现价值共创，而当部分参与者为了短期利益采取机会主义行为时，则会因为“公地悲剧”导致价值共毁。同时，在平台企业主导型创业生态系统内，平台企业的天然领导地位赋予了其平台生态治理主导者的职能，通过强制性的正式治理机制约束生态参与者实施机会主义行为是其相较普通创业生态系统的重要特征。因此，在耦合与平台正式治理两者共同协作时，更能有效约束生态参与者的行为，进而提高创业企业的绩效。另外，平台正式治理的制度效应为创业相关利益主体提供了信用保障，既降低了对创业企业不确定性的担忧，也为合法维权提供了依据，进而能增加供应商、用户及其他创业服务主体与创业企业进行联系的意愿，提升信任感，促进创业企业社会资本的获取。由此，平台企业在构建平台生态时，必须注重完善平台正式治理制度的构建。

7.2　理论贡献

本研究综合了平台理论、生态系统理论、社会资本理论、耦合理论、创业绩效等理论，紧密结合我国创业实践与各类创业孵化载体发展的现实问题，通过理论分析与模型构建、探索性案例研究、大样本实证检验等，刻画了在平台企业主导型创业生态系统这一新兴组织模式内，创业企业如何基于与平台企业及其他创业企业之间的耦合关系影响创业企业绩效，进而获取平台赋能的。具体的理论贡献体现在以下几个方面：

①对生态系统研究的相关贡献。本研究以平台企业主导型创业生态系统为研究情境，结合平台生态系统与创业生态系统的相关研究，探索作为生态重要参与者的创业企业行为对其绩效的影响。首先，本研究丰富了有关平台生态系统与创业生态系统的相关研究，通过跨案例研究梳理了平台企业主导型创业生态系统的参与主体、结构、特征、功能及赋能机制；其次，弥补了当前有关平台生态系统研究更多关注系统整体层面、以平台企业为主要研究对象、忽视生态参与者行为的不足，拓展了生态系统研究的情境与视角；最后，运用大样本实证分析，积累生态系统研究相关素材，克服了平台生态系统和创业生态系统研究中以规范性研究或案例研究为主的方法局限。

②对耦合研究的相关贡献。生态系统理论强调主体间以及主体与环境间存在的相互影响、相互依赖、协同共生的耦合关系，耦合性是“生态性”的本质特征。现有研究强调了耦合对生态系统运行的重要性，认为通过耦合机制获得协同效应是生态系统形成与高质量运行的关键因素，但是对于影响耦合关系形成的耦合要素及耦合影响生态系统整体效能发挥的作用机理尚无过多研究。本研究通过深入剖析平台企业主导型创业生态系统的特征，提出推动平台生态系统内主体间耦合关系形成的耦合要素，即文化价值耦合、互补性资产耦合、物理系统耦合，并构建了相应的耦合测度量表，实证检验了创业企业与生态主体间的耦合关系对创业企业绩效的影响效果及路径。本研究将有关生态系统耦合的研究从宏观层面扩展到微观层面，扩展了耦合理论研究的广度与深度。

③将社会资本影响创业企业绩效的研究引入平台企业主导型创业生态系统内，更新了研究的视野，拓宽了研究的范畴。本研究运用案例研究和理论演绎分析了社会资本在耦合与创业企业绩效间的中介作用，验证了在

平台企业主导型创业生态系统内，主体间耦合关系对创业企业社会资本形成的撬动作用，以及社会资本对创业企业绩效的推动作用，是对社会资本理论应用范围的拓展，并探寻了生态系统内创业企业社会资本形成的前因变量，是对社会资本理论研究的有益补充。

④本研究构建了“耦合—社会资本—创业企业绩效”间的关系模型，实证了耦合、社会资本、创业企业绩效的关系，揭开了平台企业主导型创业生态系统对创业企业赋能的机理与路径。研究分析了结构社会资本与关系社会资本在耦合对创业企业绩效关系间的中介作用，为平台企业主导型创业生态系统内的创业企业如何提升绩效提供了参考路径，深化了创业绩效理论研究体系，并为其他情境下的创业研究提供了借鉴。

⑤研究引入了平台正式治理作为调节变量，验证了其调节效应，拓展了创业企业绩效的实现路径。平台企业主导型创业生态系统的持续健康运营离不开平台治理机制，平台正式治理是基于协议、合同等形式的制度化治理机制，其成效关系到各生态参与者合作关系的建立与维持。研究验证了平台正式治理对“耦合—社会资本—创业企业绩效”路径中产生的调节作用，深入揭示了平台企业主导的制度治理对创业企业赋能的实现过程，刻画了平台与创业企业间的交互作用，丰富了平台治理理论的相关研究。

7.3 管理启示与建议

在当前“双创”活动大力开展的背景下，本研究的主要研究结论对解决“创业难”与“孵化难”的问题具有重要的实践指导价值和启示意义，主要表现在以下几个方面：

①鼓励大型企业构建开放式创新创业平台，并选择合适的团队加入企业生态。在创新3.0时代，企业边界日趋模糊，越来越多企业以构建开放式商业生态系统的方式实现价值交互传递。考虑到内部创业中存在的“大企业病”及“创业多动症”等问题，大型企业基于自身优势和资源建立生

态系统或创业平台，既能吸引互补者加入生态实现协同合作，也能利用创业企业的核心技术实现跨界创新合作，推动大企业扩张和获取持续竞争力，进而有利于生态整体“共生、共创、共赢”。大企业转型为平台企业，一方面，有利于将企业累积的冗余资源转化为企业价值，孵化、加速、延伸与企业战略布局相关的创业企业，并在为创业企业赋能的过程中获取自身利益；另一方面，平台组织的多边架构与网络效应，能如“磁铁”般吸引和整合资源，使平台生态成为资源洼地，有效解决创业过程中的“资源约束”困境，加速创业企业成长。因此，通过打造平台并与不同产业组织开展生态合作，是大型企业在激烈竞争的环境下，迅速扩大市场份额、有效规避成本与风险、提高增长成功率的可行途径，有利于平台企业战略目标实现的同时，在赋能创业企业的过程中将冗余资源转化为自身利益。

同时，在对目标团队进行搜寻与评价时，平台企业需要注重考查其与平台生态的匹配程度，合理布局企业生态圈。首先，为了更好地推动生态参与者间的合作，平台企业应该考查目标团队与平台企业自身在文化价值观上的匹配度，选择认可平台文化的创业企业加入平台生态。其次，创业企业的主营业务应该与平台企业的战略发展目标一致，将业务重合度较低，但专业匹配度与市场重合度高的创业企业纳入平台生态，能提升系统整体的互补性，进而增强主体间的耦合程度。最后，平台企业应积极打造基于数字化技术的平台物理载体，以推动生态参与者间交互关系的形成，提高交互频率与质量。

②创业企业应积极融入平台生态，借平台之力提升创业成功率。尽管当前各地的创业积极性持续高涨，创业成功率低亦是不可否认的事实，“九死一生”已成为创业的代名词。创业资源与合法性的缺失与不足是导致创业失败的重要原因，平台生态的“温室管理模式”能推动创业企业借力平台的资源优势，实现技术创新的产业化过程，克服创业企业普遍面临的资金紧张、市场与管理知识缺乏、战略规划能力弱、品牌认可度低等发展瓶颈问题。同时，对创业企业而言，在选择目标平台时也需注意企业与平台生态在文化价值观方面的匹配程度，以及对平台整体战略实现的互补性。创业企业的核心优势对平台生态的互补性较高时，与平台企业之间的

关系将从单边依赖的“捕食共生”变为双边依赖的“互利共生”，进而能提高获得创业资源支持的可能性，促进创业成功。另外，创业企业在加入平台生态后，应注重借力平台生态的网络效应，积极建立与创业相关利益主体的合作与联系，精准嫁接平台生态的产业资源优势，培养与其他平台参与者之间基于长期共同目标的信任与承诺，进而增强从平台生态网络中获取资源的能力，为其持续发展提供保障。

③建立专业运营团队，加强对平台生态的管理。生态无边界，而管理有边界，平台生态的治理制度是否完善在一定程度上决定了平台能否获得成功，为此，平台企业应考虑通过专业的运营管理团队来提升平台管理的专业化程度和运行效率，以吸引更多优秀的专业技术创新者及创业企业加入，实现平台整体价值最大化，并增强可持续运作能力。其一，对平台系统内部要素之间相互作用机制的设计是组织层面平台效应产生的关键，有效的机制设计能动员生态系统中内外部利益相关者的集体行动，促进资源的高效整合，帮助创业企业开发市场机会，因此，平台企业需要在平台界面设计方面花费精力。其二，建立激励与奖惩监管机制（如海尔的“对赌协议”机制），鼓励适度竞争，淘汰未获得市场认可的参与者。其三，在协调与治理平台生态系统的过程中，互补创业企业具有较大的组织结构上的自主权，因此，有效平衡互补企业的自主权与平台企业的控制权是实现平台生态可持续发展的关键，也能够帮助平台企业积极应对环境的不确定性，抵御风险。其四，注重构建平台企业社会责任管理体系，明确平台企业的责任，使其从商业型领导向责任型领导转变。除经济责任外，还应将慈善责任、社会伦理责任等融入平台企业的治理体系，建立完善的价值创造、利益分配及协同治理机制。

④政府建立扶持机制，推动大型企业搭建平台，协助平台管理。当前，国家出台了诸多政策鼓励大企业扶持小企业，但收效甚微，原因在于现有的各种联合体或孵化载体属于基于政策机制引导的“人工生态”。其中，大企业往往处于主导地位，创业企业单边依赖大企业，此种关系类似“捕食共生”，使大企业可能产生“敲竹杠”，甚至打压小企业的行为。而平台企业主导型创业生态系统则是由各主体市场需求与战略目标驱动的

"自然生态"，基于资源优势互补与业务协同的互补性资产耦合导致主体间形成"共生依赖"关系，大企业出于布局企业生态系统出发，更愿意扶持小企业，实现用大企业的"手"助推中小企业发展的目标，并最终获得"共赢"。因此，政府可以通过政策支持大企业构建和发展创业生态系统，实现助推创业的目标。其一，政府及主管部门应努力营造对平台企业成长有利的政策环境，并提供行业准入、资质认定等方面的政策支持，同时鼓励创业企业及其他创业服务机构加入平台生态。其二，政府应该作为平台生态的协助管理者，协助平台企业开展生态治理。由于平台企业在平台生态中的领导地位，在逐利动机的驱使下，其可能凭借垄断权和排他权，选择对自身利益最优的策略，而牺牲其他参与者的利益。因此，有必要引入包括政府监督、外部市场监管、社会治理等多元化利益主体对平台生态进行协同共治，实现外部管理与平台内部规则共同形成的"多元管理"模式。其三，健全完善法律法规，出台针对平台企业专门的法律法规，加快推动行业服务标准的制定以适应平台经济新业态。

7.4 研究局限与未来展望

本研究基于平台企业主导型创业生态系统的情境，通过对耦合、社会资本与创业企业绩效关系的研究，刻画了平台生态对创业企业赋能的机理与路径，对现有的创业及生态相关研究做了有益的补充与拓展，同时得出了具有一定实践启示的研究结论。然而，由于资源与个人能力水平的限制，本研究还存在以下不足之处：

第一，案例调研与问卷数据收集方面，由于受时间和资源方面的限制，本研究仅选择了两个典型平台作为研究案例，未来研究可进一步引入更多的平台生态作为案例，进一步论证研究命题的合理性。同时，本次研究中的调查问卷发放主要借助导师课题组资源，以及个人及朋友形成的社会关系力量来完成，在调研地域中主要以广东省为主。尽管广东省目前在全国的创新创业方面具有领先性，作为主要调研对象有较高的合理性，但未来研究可考虑扩大调研的地域范围，收集更多样本对研究结论进行验证。

第二，缺乏对平台企业主导型创业生态系统这一新兴特殊组织形式的更深入研究。平台企业主导型创业生态系统作为当前创业实践领域备受关注的创业孵化载体，目前存在实践超越理论的现实发展情况，对其结构、特征、赋能机理、治理机制等仍存在诸多“黑箱”问题待揭开。囿于各方面限制，本研究并未能对其展开深度分析与研究，尚有诸多值得进一步探讨的问题，未来可采用扎根方法，深入平台生态，发现更多问题。同时，可进一步建立跨层次研究模型，深入研究平台企业与平台生态参与者的交互作用。

第三，本研究主要从静态视角考查平台企业主导型创业生态系统下主体间耦合对创业企业绩效的影响，并未考虑动态的演进视角。创业企业及平台生态均有生命周期，在不同的发展阶段，需要匹配不同的战略，且平台正式治理的程度也有差异，未来研究可基于动态能力理论，探究不同发展阶段创业企业与平台生态交互作用的机理与路径。

第四，在研究变量与路径设置方面，本研究结合现有理论与案例研究的发现，构建了包含耦合、社会资本、创业企业绩效、平台正式治理几个关键变量的整体模型与理论假设，能够初步揭示平台企业主导型创业生态系统对创业企业赋能的机理。然而，在此路径中，可能仍存在一些尚未考虑周全的因素，如当前部分平台企业在实践中为了强化合作双方的关系，倾向于与创业企业建立基于股权投资的强连接关系，进而使双方的利益一致性增强，未来研究可进一步将此作为考虑因素，研究影响平台生态赋能的更多机理与实现路径。

参考文献

[1] Adler P S, Kwon S W. Social capital: Prospects for a new concept [J]. Academy of Management Review, 2002, 27 (1): 17 -40.

[2] Adner R. Ecosystem as structure: An actionable construct for strategy. Journal of Management, 2017, 43 (1): 39 -58.

[3] Adner R, Kapoor R. Value creation in innovation ecosystems: how the structure of technological interdependence affects firm performance in new technology generations [J]. Strategic Management Journal, 2010, 31 (3): 306 -333.

[4] Afuah A. Are network effects really all about size? The role of structure and conduct [J]. Strategic Management Journa, 2013, 34 (3): 257273.

[5] Ahuja G. Collaboration networks, structural holes, and innovation: A longitudinal study [J]. Administration Science Quarterly, 2000, 45 (3): 425 -455.

[6] Alvarez S A, Barney J B. Entrepreneurial opportunities and poverty alleviation [J]. Entrepreneurship Theory and Practice, 2014, 38 (1): 159 -184.

[7] Alvarez S A, Busenitz L W. The entrepreneurship of resource - based theory [J]. Journal of Management, 2001, 27 (6): 755 -775.

[8] ARENT GREVE. JANET W. SAIAFF. The development of corporate social capital in eomplex innovation processes [J]. Social Capital of Organization, 2001 (18): 107 -134.

[9] Argote L, Mc Evily B, Reagans R. Managing knowledge in organiza-

tions: an integrative framework and review of emerging themes [J]. Management Science, 2003, 49 (4): 571 - 582.

[10] Audretsch D B, Kuratko D F. Clarifying the Domains of Corporate Entrepreneurship [J]. International Entrepreneurship and Management Journal, 2013, 9 (3): 323 - 335.

[11] Augusto D V G L, Figueiredo Facin A L, Salerno M S, et al. Unpacking the innovation ecosystem construct: Evolution, gaps and trends [J]. Technological Forecasting and Social Change, 2016, 136 (NOV.): 30 - 48.

[12] Berry H. The influence of multiple knowledge networks on innovation in foreign operations [J]. Organization Science, 2018, 29 (5): 855 - 872.

[13] Blyler M, Coff R W. Dynamic capabilities, social capital, and rent appropriation: ties that split pies [J]. Strategic Management Journal, 2003, 24 (7): 677 - 686.

[14] Cattani G. Preadaptation, Firm Heterogeneity and Technological Performance: A Study on the Evolution of Fiber Optics 1970 ~ 1995 [J]. Organization Science, 2005, 16 (6): 563 - 580.

[15] Carmona P, Momparler A, Gieure C. The performance of entrepreneurial small - and medium - sized enterprises. Service Industries Journal, 2012, 32 (15): 2463 - 2487.

[16] Ceccagnoli M, Forman C, Huang P, et al. Cocreation of value in a platform ecosystem: The case of enterprise software [J]. MIS Quarterly, 2012, 36 (1): 263 - 290.

[17] Chen M H, Chang Y C, Hung S C. Social capital and creativity in R&D project teams [J] . R&D Management, 2008, 38 (1): 21 - 34.

[18] Clarysse B, Wright M, Bruneel J, et al. Creating value in ecosystems: Crossing the chasm between knowledge and business ecosystems [J]. Research Policy, 2014, 43 (7): 1164 - 1176.

[19] Cohen B. Sustainable valley entrepreneurial ecosystems [J]. Business Strategy and the Environment, 2006, 15 (1): 1 - 14.

[20] Colombo M G, Grili L. Founder's human capital and the growth of new technology - based firms: A competence - based view [J]. Research Policy, 2005, 34 (4): 795 - 816.

[21] Coleman J S. Social Capital in the Creation of Human Capital and Economic Growth: A Productive Consumption Approach [J]. Journal of Socio - Economics, 2008, 37 (5): 2020 - 2033.

[22] Covin J G, Slevin D P. Content and Performance of Growth Seeking Strategies: A Comparison of Small Firms in High and Low Technology Industries [J]. Journal of Business Venturing, 1990, 5 (6): 391 - 412.

[23] Dodd S. D. Patra E. National differences in entrepreneurial networking [J]. Entrepreneurship & Regional Development, 2002, 14 (2): 117 - 134.

[24] Dollinger M J. Environmental contacts and financial performance of small firm. Journal of Small Business Management, 1985, 23 (1): 24 - 30.

[25] Dubois A, Gadde L E. The construction industry as a loosely coupled system: Implications for productivity and innovation [J]. Construction Management and Economic, 2002 (20): 621 - 631.

[26] Dyer J H. Specialized supplier networks as a source of competitive advantage: Evidence from the auto industry [J]. Strategic Management Journal, 2015, 17 (4): 271 - 291.

[27] Eisenhardt K M. Building Theories from Case Study Research [J]. Academy of Management Review, 1989, 14 (4): 532 - 550.

[28] Eisenmann T R, Parker G, Alstyne M. Strategies for two - sided markets [J]. Harvard Business Review, 2006, 84 (10): 92 - 101.

[29] Elfenbein D W, Hamilton B H, Zenger T R. The Small Firm Effect and the Entrepreneurial Spawning of Scientists and Engineers [J]. Management Science, 2010, 56 (4): 659 - 681.

[30] Elfenbein D W, Zenger T R. What is a Relationship Worth? Repeated Exchange and the Development and Deployment of Relational Capital [J]. Organization Science, 2013, 25 (1): 222 - 244.

[31] Ferriani S, Cattani G, Baden – Fuller C. The relational antecedents of project entrepreneurship: network centrality, team composition and project performance [J]. Research Policy, 2009 (38): 545 – 1558.

[32] Florida R, Cushing R, Gates G. When Social Capital Stifles Innovation [J]. Harvard Business Review, 2002, 80 (8): 20 – 28.

[33] GABBAY S M, ZUCKER MAN E W. Social capital and opportunity in corporate R&D: THE contingent effect of contact density on mobility expectations [J]. Social Science Research, 1998 (27): 189 – 217.

[34] Gao X. A Latecomer's Strategy to Promote a Technology Standard: The Case of Datang and Td – Scdma [J]. Research Policy, 2014, 43 (3): 597 – 607.

[35] Garnsey E and Leong Y. Combining resource – based and evolutionary to explain the genesis of bio – networks [J]. Industry and Innovation, 2008, 15 (6): 669 – 686.

[36] Gawer A, Cusumano M A. How companies become platform leaders [J]. MIT Sloan Management Review, 2008, 49 (2): 28 – 35.

[37] Ghazawneh A, Henfridsson O. Balancing Platform Control and External Contribution in Third – party Development: The Boundary Resources Model [J]. Information Systems Journal, 2013 (2): 172 – 192.

[38] Granovetter M. Economic action and social structure: The problem of embeddedness [J]. American Journal of Sociology, 1985 (91): 481 – 510.

[39] Granstrand O, Holgersson M. Innovation ecosystems: A conceptual review and a new definition [J]. Technovation, 2020 (90 – 91): 1 – 12.

[40] Gummesson E, Mele C. Marketing as Value Co – creation through Network Interaction and Resource Integration [J]. Journal of Business Marketing Management, 2010, 4 (1): 181 – 198.

[41] Hanifan L J. The Rural School Community Center [J]. The Annals of the American Academy of Political and Social Science, 1916, 67 (1): 130 – 138.

[42] HANSEN E L, ALLEN K R. The creation corridor: environmental load and preorganization information processing ability [J]. Entrepreneurship Theory and Practice, 1992, 17 (1): 57 -65.

[43] Hartigh D E, et al. The health measurement of a business ecosystem [R]. Paper presented at the ECCON 2006 annual meeting, 2006.

[44] Hite J. Evolutionary Processes and Paths of Relationally Embedded Network Ties in Emerging Entrepreneurial Firms [J]. Entrepreneurship Theory and Practice, 2005, 29 (1): 113 -144.

[45] Hofman E, Halman J I M, Song M. When to Use Loose or Tight Alliance Networks for Innovation? Empirical Evidence [J]. Journal of Product Innovation Management, 2016.

[46] Hoetker G, Mellewigt, T. Choice and Performance of Governance Mechanisms: Matching Alliance Governance to Asset Type. Strategic Management Journal, 2009, 30 (10): 1025 -1044.

[47] Huber G P. Transfer of knowledge in knowledge management systems: Unexplored issues and suggested studies [J]. European Journal of Information Systems, 2001, 10 (2): 72 -79.

[48] Huselid M A, Becker B E. Methodological Issues in Cross - sectional and Panel Estimates of the Human Resource - firm Performance Link [J]. Industrial Relations, 1996, 35 (3): 400 -422.

[49] Iansiti M, Levin R. Strategy as ecology [J]. Harvard Business Review, 2004, 82 (3): 68 -78.

[50] Inkpen A C, Tsang E W K. Reflections on the 2015 Decade Award - Social Capital, Networks, and Knowledge Transfer: An Emergent Stream of Research [J]. The Academy of Management Review, 2016, 41 (4): 573 -588.

[51] Isenberg D J. The entrepreneurship ecosystem strategy as a new paradigm for economic policy: Principles for cultivating entrepreneurship. Presentation at the Institute of International and European Affairs. 2011.

[52] Jacobides M G, Cennamo C, Gawer A. Towards a Theory of Ecosys-

tems [J]. Strategic Management Journal, 2018, 39 (8): 2255 -2276.

[53] Janssen M, Estevez E. Lean Government and Platform - based Governance - Doing More with Less [J]. Government Information Quarterly, 2013, 30 (1): S1 -S8.

[54] Jeffrey P, Carpenter A G, Daniere L, Takahashi M. Cooperation, trust, and social capital in Southeast Asian urban slums [J]. Journal of Economic Behavior & Organization, 2004, 55 (4): 533 -551.

[55] Jonathan T E, Michael P C, Mason C. Open innovation, information, and entrepreneurship within platform ecosystems [J]. Strategic Entrepreneurship Journal, 2018, 12 (3): 369 -391.

[56] Kostova T, Roth K. Social capital in multinational corporations and a micro - macro model of its formation [J]. Academy of Management Review, 2003, 28 (2): 297 -317.

[57] Krishnan V, Gupta S. Appropriateness and Impact of Platform - Based Product Development [J]. Management Science, 2001, 47 (1): 52 -68.

[58] Kumar, A., Liu R, Shan Z. Is Blockchain a Silver Bullet for Supply Chain Management? Technical Challenges and Research Opportunities. Decision Science, 2020, 51 (1): 8 -37.

[59] Kwon I, Suh T. Trust, commitment and relationships in supply chain management: A path analysis [J]. Supply Chain Management: An International Journal, 2005, 10 (1): 26 -33.

[60] Larson A, Starr J. A Network Model of Organization Formation [J]. Entrepreneurship Theory and Practice, 1993, 17 (2): 5 -15.

[61] Lavado A C, Rodnguez G C, Medina C C. Social and organizational capital building the context for innovation [J]. Industrial Marketing Management, 2010, 39 (4): 681 -690.

[62] Lavie D, Haunschild P R, Khanna P. Organizational difference, relational mechnisms, and alliance performance [J]. 2012 (33): 1453 -1479.

[63] Lawson B, Tyler B B, Cousins P D. Antecedents and consequences

of social capital on buyer performance improvement [J]. Journal of Operations Management, 2008, 26 (3): 446 - 460.

[64] Lee R. Social capital, business, and management: Setting a research agenda [J]. International Journal of Management Reviews, 2010, 11 (3): 247 - 273.

[65] Li E Y, Liao C H, Yen H. Co - authorship networks and research impact: a social capital perspective [J]. Research Policy, 2013 (42): 515 - 1530.

[66] Liao Z J. Social Capital and firms' environmental innovations: the-moderating role of environmental scanning [J]. Business Strategy and the Environment, 2018, 27 (8): 1493 - 1501.

[67] Lin N. Building a network theory of social capital [J]. Connections, 1999, 22 (1): 28 - 51.

[68] Lorenzoni G, Lipparini A. The Leveragingof Interfirm Relationships as a Distinctive Organizational Capability: A Longitudinal Study [J]. Strategic Management Journal, 1999, 20 (4): 317 - 338.

[69] Lui S S, Wong Y, Liu W. Asset specificity roles in interfirm cooperation: Reducing opportunistic behavior or increasing cooperative behavior? [J]. Journal of Business research, 2009, 62 (11): 1214 - 1219.

[70] Lui S S, Ngo H, Hon A H. Coercive strategy in interfirm cooperation: Mediating roles of interpersonal and interorganizational trust [J]. Journal of Business Research, 2006, 59 (4): 466 - 474.

[71] Lux A A, Macau F R, Brown K A. Putting the entrepreneur back into entrepreneurial ecosystems [J]. International Journal of Entrepreneurial Behaviour & Research, 2020, 35 (20): 35 - 50.

[72] Marianne S, Einar R. The interplay of cognitive and relational social capital dimensions in university - industry collaboration: Overcoming the experience barrier [J]. Research Policy, 2018, 47 (10): 1964 - 1974.

[73] Mayer, R C, James H D, Schoorman F D. An Integrative Model of organizational trust [J]. Academy of Management Review, 1995, 20 (3):

709 - 734.

[74] Mei L, Zhang T, Chen J. Exploring the effects of inter - firm linkages on SMEs' open innovation from an ecosystem perspective: An empirical study of Chinese manufacturing SMEs [J]. Technological Forecasting and Social Change, 2019, 144 (JUL.): 118 - 128.

[75] Miller J I. The mortality problem of learning and mimetic practice in emerging industries: Dying to be legitimate [J]. Strategic Entrepreneurship Journal, 2012, 6 (1): 59 - 88.

[76] Mindruta D, Moeen M, Agarwal R. A two - sided matching approach for partner selection and assessing complementarities in partners' attributes in inter - firm alliances [J]. Strategic Management Journal, 2016 (37): 206 - 231.

[77] Mizruchi M S. Similarity of political behavior among large American corporations [J]. American Journal of Sociology, 1989, 95 (2): 401 - 424.

[78] Moore J F. Business ecosystems and the view from the firm [J]. Antitrust Bulletin, 2006, 51 (1): 31 - 75.

[79] Muegge S. Business Ecosystems as Institutions of Participation: A Systems Perspective on Community - Developed Platforms [J]. Technology Innovation Management Review, 2011, 1 (2): 1.

[80] Nahapiet J, Ghoshal S. Social capital, intellectual capital, and the organizational advantage [J]. Academy of Management Review, 1998, 23 (2): 242 - 266.

[81] Neck H M, Meyer G D, Cohen B, et al. An entrepreneurial system view of new venture creation [J]. Journal of Small Business Management, 2004, 42 (2): 190 - 208.

[82] Oldsman E. Does manufacturing extension matter? [J]. Research Policy, 1996, 25 (2): 215 - 232.

[83] Orton J D, Weick K E. Loosely Coupled Systems: A Reconceptualization [J]. The Academy of Management Review, 1990, 15 (2): 203 - 223.

[84] Payne A F, Storb acka K, Frow P. Managing the Co - creation of Value [J]. Journal of the Academy of Marketing Science, 2008, 36 (1): 83 - 96.

[85] Pera R, Occhiocupo N, Clarke J. Motives and Resources for Value Co - Creation in a Multi - Stakeholder Ecosystem: A Managerial Perspective [J]. Journal of Business Research, 2016, 69 (10): 4033 - 4041.

[86] Phelps C C. A Longitudinal study of the influence of alliance network structure and composition on firm exploratory innovation [J]. Academy of Management Journal, 2010, 53 (4): 890 - 913.

[87] Pierce L. Big Losses in Ecosystem Niches: How Core Firm Decisions Drive Complementary Product Shakeouts [J]. Strategic Management Journal, 2009, 30 (3): 323 - 347.

[88] Prahalad C K, Ramaswamy V. Co - opting Customer Competence [J]. Harvard Business Review, 2000, 78 (1): 79 - 87.

[89] Prasad P, Eylon D. Narrating Past Traditions of Participation and Inclusion: Historical Perspectives on Workplace Empowerment [J]. The Journal of Applied Behavioral Science, 2001, 37 (1): 5 - 14.

[90] Reagans R, McEvily B. Network structure and knowledge transfer: The effects of cohesion and rang [J]. Administrative Science Quarterly, 2003, 48 (2): 240 - 267.

[91] Reynolds E B, Uygun Y. Strengthening advanced manufacturing innovation ecosystems: The case of Massachusetts [J]. Technological Forecasting and Social Change, 2018 (136): 178 - 191.

[92] Richard O C. Racial diversity, business strategy, and firm performance: A resource - based view [J]. Academy of management journal, 2000, 43 (2): 164 - 177.

[93] Ritala P, Agouridas V, Assimakopoulos D, et al. 2013. Value creation and capture mechanisms in innovation ecosystems: A comparative case study [J]. International Journal of Technology Management, 63 (3 - 4): 244 - 267.

[94] Rohrbeck R, Holzle K, Gemünden H G. Opening up for competitive

advantage—How Deutsche Telekom creates an open innovation ecosystem [J]. R&D Management, 2009, 39 (4): 420 - 430.

[95] Lusch R F, Brown J R. Interdependency, Contracting, and Relational Behavior in Marketing Channels [J]. Journal of Marketing, 1996, 60 (4): 19 - 38.

[96] Schreiner M, Kale P, Corsten D. What really is alliance management capability and how does it impact alliance outcomes and success? [J]. Strategic Management Journal, 2009 (30): 1395 - 1419.

[97] Slotte - Kock S., Coviello N. Entrepreneurship Research on Network Processes: A Review and Ways Forward [J]. Entrepreneurship Theory and Practice, 2010, 34 (1): 31 - 57.

[98] Scarbrough H., Swan J., Amaeshi K., Briggs T. Exploring The Role of Trust in The Deal - making Process for Early - stage Technology Ventures [J]. Entrepreneurship Theory & Practice, 2013, 37 (5): 1203 - 1228.

[99] Sheng S, Zhou K Z, Li Z. The Effects of Business and Political Ties on Firm Performance: Evidence from China [J]. Journal of Marketing, 2011 (75): 1 - 15.

[100] Sirmon D G, Hitt M A, Ireland R D, et al. Resource Orchestration to Create Competitive Advantage Breadth, Depth, and Life Cycle Effects [J]. Journal of Management, 2011, 73 (5): 1390 - 1412.

[101] Smith D A, Lohrke F T. Entrepreneurial Network Development: Trusting in the Process [J]. Journal of Business Research, 2008, 61 (4): 315 - 322.

[102] Sun P, Wright M, Mellahi K. Is Entrepreneur - Politician Alliance Sustainable During Transition? The Case of Management Buyouts in China [J]. Management & Organization Review, 2010, 6 (1): 101 - 121.

[103] Teece, David J. Profiting from technological innovation Implications for integration, collaboration, licensing and public policy [J]. Research Policy, 1986 (6): 285 - 302.

[104] Theodoraki C, Messeghem K. Exploring the entrepreneurial ecosystem in the field of entrepreneurial support: A multi – level approach [J]. International Journal of Entrepreneurship and Small Business, 2017 (31): 47 – 66.

[105] Tichy N M, Tushman M L, Fombmn C. Social Network Analysis for Organization [J]. Academy of Management Review, 1979, 4 (4): 507 – 519.

[106] Tiwan A. Evolutionary Competition in Platform Ecosystem [J]. Information Systems Research, 2015, 26 (2): 266 – 281.

[107] Tiwan A, Konsynski B, Bush A A. Research commentary—Platform evolution: coevolution of platform architecture, governance, and environmental dynamics [J]. Information Systems Research, 2010, 21 (4): 675 – 687.

[108] Tsai W, Ghoshal S. Social capital and value creation: The role of intrafirm networks [J]. Academy of Management Journal, 1998, 41 (4): 464 – 476.

[109] Tsui A S, Farh J L. Where Guanxi Matters Relational Demography and Guanxi in the Chinese Context [J]. Work & Occupations, 1997, 24 (1): 56 – 79.

[110] Ulrich D, Barney J B. Perspectives in organizations: resource dependence, efficiency, and population [J]. Academy of Management Review, 1984, 9 (3): 471 – 481.

[111] Vargo S L, Lusch R F. Evolving to a New Dominant Logic for Marketing [J]. Journal of Marketing, 2004, 68 (1): 1 – 17.

[112] Wasko M M, Faraj S. Why Should I Share? Examining Social Capital and Knowledge Contribution in Electronic Networks of Practice [J]. MIS Quarterly, 2005, 29 (1): 35 – 57.

[113] Walrave B, Talmar M, Podoynitsyna K S, et al. A multi – level perspective on innovation ecosystems for path – breaking innovation [J]. Technological Forecasting & Social Change, 2018, 136 (11): 103 – 113.

[114] Williamson O E. Credible commitments: Using hostages to support exchange [J]. American Economic Review, 1983, 73 (4): 519 – 540.

[115] Williamson O E. The Theory of the Firm as Governance Structure: from Choice to Contract [J]. The Journal of Economic Perspectives, 2002, 16 (3): 171 - 195.

[116] Wu B, Wan Z, Levinthal D A. Complementary Assets as Pipes and Prisms: Innovation Incentives and Trajectory Choices [J]. Strategic Management Journal, 2014, 35 (9): 1257 - 1278.

[117] Yli - Renko, Autio, Sapienza H J. Social capital, knowledge acquisition, and knowledge Exploitation in young technology - based firms [J]. Strategic Management Journal, 2001 (22): 587 - 613.

[118] Yukse M, Milne G R, Miller E G. Social media as complementary consumption: The relationship between consumer empowerment and social interactions in experiential and informative contexts [J]. Journal of Consumer Marketing, 2016, 33 (2): 111 - 123.

[119] Zahra S A, Neubaum D O, Ei - Hagrassey G M. Competitive Analysis and New Venture Performance: Understanding the Impact of Strategic Uncertainty and Venture Origin [J]. Entrepreneurship Theory and Practice, 2002, 27 (1): 1 - 28.

[120] Zahra S, Nambisan S. Entrepreneurship in global innovation ecosystems [J]. AMS Review, 2011, 1 (1): 4 - 17.

[121] Zimmerman M A. Psychological Empowerment: Issues and Illustrations [J]. American Journal of Community Psychology, 1995, 23 (5): 581 - 599.

[122] 毕克新，黄平，李婉红．产品创新与工艺创新知识流耦合影响因素研究——基于制造业企业的实证研究．科研管理，2012，33 (08): 16 - 24.

[123] 边燕杰．找回强关系：中国的间接关系、网络桥梁和求职 [J]．国外社会学，1998 (02): 50 - 65.

[124] 边燕杰，丘海雄．企业的社会资本及其功效 [J]．中国社会科学，2000 (02): 87 - 99.

[125] 曹霞，宋琪．产学研创新系统耦合对产学研主体知识进化影响

机理研究［J］. 科学学与科学技术管理，2014（12）：89－98.

［126］曹玉玲，李随成. 企业间信任的影响因素模型及实证研究［J］. 科研管理，2011（01）：137－146.

［127］程聪，谢洪明，陈盈. 网络关系、内外部社会资本与技术创新关系研究［J］. 科研管理，2013（11）：1－8.

［128］陈劲，黄海霞，梅亮. 基于嵌入性网络视角的创新生态系统运行机制研究——以美国DARPA创新生态系统为例［J］. 吉林大学社会科学学报，2017（02）：86－96.

［129］陈威如，徐玮伶. 平台组织：迎接全员创新的时代［J］. 清华管理评论，2014（07）：46－54.

［130］陈威如，余卓轩. 平台战略：正在席卷全球的商业模式革命［M］. 北京：中信出版社，2013.

［131］成泷，党兴华，蔡俊亚. 组织耦合、网络惯例对突破式创新的影响研究［J］. 软科学，2018，32（03）：47－50.

［132］丛林. 基于技术，应用，市场三个层面的我国物联网产业发展研究［D］. 沈阳：辽宁大学，2016.

［133］丛龙峰. 韩都衣舍：小组制背后的管理能力［J］. 商业评论，2015（05）：44－59.

［134］蔡莉，彭秀青，Satish Nambisan，等. 创业生态系统研究回顾与展望［J］. 高等学校文科学术文摘，2016（02）：45－47.

［135］蔡莉，单标安. 中国情境下的创业研究：回顾与展望［J］. 管理世界，2013（12）：160－169.

［136］蔡莉，单标安，汤淑琴，等. 创业学习研究回顾与整合框架构建［J］. 外国经济与管理，2012（05）：1－8.

［137］蔡莉，于海晶，杨亚倩，卢珊. 创业理论回顾与展望［J］. 外国经济与管理，2019，41（12）：94－111.

［138］曹虹剑，张建英，刘丹. 模块化分工，协同与技术创新——基于战略性新兴产业的研究［J］. 中国软科学，2015（07）：100－110.

［139］曹之然. 创业绩效影响因素研究——基于合约精神与参考框架

的视角［J］. 科技管理研究，2011（23）：9－13.

［140］陈敏灵，毛蕊欣. 创业者特质与创业企业生存绩效、成长绩效［J］. 技术与创新管理，2020，41（06）：616－624.

［141］程立茹. 互联网经济下企业价值网络创新研究［J］. 中国工业经济，2013（09）：82－94.

［142］陈海涛，宋姗姗，单标安. 创业生态系统的共生演化模型及仿真研究——基于中关村历史数据的分析［J］. 管理学季刊，2018，3（03）：68－86＋108.

［143］陈晓萍，徐淑英，樊景立. 组织与管理研究的实证方法［M］. 北京：北京大学出版社，2012.

［144］成琼文，赵艺璇. 企业核心型开放式创新生态系统价值共创模式对价值共创效应的影响［J］. 科技进步与对策，https：//kns. cnki. net/kcms/detail/42. 1224. G3. 20210304. 1104. 012. html.

［145］池毛毛，赵晶，黄姣. EB 战略联盟和企业间合作电子商务能力：正式治理的中介作用检验［J］. 管理评论，2015，27（12）：180－191.

［146］池毛毛，赵晶，李延晖，王伟军. 企业平台双元性的实现构型研究：一项模糊集的定性比较分析［J］. 南开管理评论，2017（03）：65－76.

［147］戴水文，符正平，祝振铎. 中国新兴企业的组织模块化构建及价值创造［J］. 南京大学学报，2018（02）：56－68.

［148］党兴华，张首魁. 模块化技术创新网络结点间耦合关系研究［J］. 中国工业经济，2005（12）：85－91.

［149］丁玲，吴金希. 核心企业与商业生态系统的案例研究：互利共生与捕食共生战略［J］. 管理评论，2017，29（07）：243－256.

［150］丁威旭，李白露. "守，破，离"与企业创新"ba"（场）——以韩都衣舍电商集团品牌创新孵化模式为例［J］. 清华管理评论，2019（09）：55－59.

［151］杜运周，张玉利. 互动导向与新企业绩效：组织合法性中介作用［J］. 管理科学，2012，25（04）：22－30.

[152] 段茹，李华晶．创业型企业市场进入模式研究 [J]．科学学研究，2019 (08)：1481 – 1488.

[153] 段姗．企业资源整合能力，联盟网络与知识共享关联机制研究 [D]．杭州：浙江大学，2018.

[154] 冯华，陈亚琦．平台商业模式创新研究——基于互联网环境下的时空契合分析 [J]．中国工业经济，2016，336 (03)：101 – 115.

[155] 高良谋，张一进．平台理论的演进与启示 [J]．中国科技论坛，2018 (01)：123 – 131.

[156] 高钰莉．大企业主导型创业生态系统共生过程研究 [D]．长春：吉林大学，2016.

[157] 葛安茹，唐方成．合法性，匹配效应与创新生态系统构建 [J]．科学学研究，2019，37 (11)：146 – 154 + 163.

[158] 龚鹤强，林健．关系认知、关系运作和企业绩效：来自广东省私营中小企业的实证研究 [J]．南开管理评论，2007，10 (02)：45 – 53.

[159] 龚丽敏，江诗松．平台型商业生态系统战略管理研究前沿：视角和对象 [J]．外国经济与管理，2016，38 (06)：38 – 50，62.

[160] 古家军．创业者职业价值观、资源拼凑与创业绩效的关系研究 [J]．科研管理，2019，40 (11)：206 – 215.

[161] 韩炜，邓渝．商业生态系统研究述评与展望 [J]．南开管理评论，2020，23 (03)：14 – 27.

[162] 韩炜，杨俊，包凤耐．初始资源、社会资本与创业行动效率——基于资源匹配视角的研究 [J]．南开管理评论，2013 (03)：149 – 160.

[163] 韩炜，杨婉毓．创业网络治理机制、网络结构与新企业绩效的作用关系研究 [J]．管理评论，2015，27 (12)：65 – 79.

[164] 韩莹．众创空间中企业创业拼凑对创新绩效的影响研究 [J]．科学学研究，2020，38 (08)：1436 – 1508.

[165] 郝斌，任浩．模块化组织关联界面：形式、机理与效力机制 [J]．科研管理，2010，31 (06)：118 – 125.

[166] 郝金磊，尹萌．分享经济：赋能，价值共创与商业模式创新——基于猪八戒网的案例研究［J］．商业研究，2018，No.493（05）：37-46.

[167] 贺俊．创新平台的竞争策略：前沿进展与拓展方向［J］．经济管理，2020（08）：190-208.

[168] 胡雅蓓，霍焱．网络嵌入、治理机制与创新绩效——以高科技产业集群为例［J］．北京理工大学学报（社会科学版），2017（05）：80-89.

[169] 黄林．集群社会资本、集群知识创新平台与集群企业创新绩效［J］．经济体制改革，2014（06）：178-182.

[170] 黄嘉维，小庞，Francois，等．平台化组织的革命［J］．二十一世纪商业评论，2016，11（15）：108-111.

[171] 黄艳．新创企业社会资本与成长绩效关系研究——基于资源拼凑的视角［D］．北京：对外经济贸易大学，2019.

[172] 黄永春，陈成梦，徐军海，等．创业政策与创业模式匹配对创业绩效影响机制［J］．科学学研究，2019，245（09）：99-108.

[173] 简兆权，刘晓彦，李雷．基于海尔的服务型制造企业“平台+小微企业”型组织结构案例研究［J］．管理学报，2017，14（11）：1594-1602.

[174] 江积海，李琴．平台型商业模式创新中连接属性影响价值共创的内在机理——Airbnb的案例研究［J］．管理评论，2016，28（07）：252-260.

[175] 焦勇，杨蕙馨．信息化与工业化融合的耦合程度和增值能力［J］．社会科学研究，2017（04）：46-55.

[176] 井润田，赵宇楠，滕颖．平台组织、机制设计与小微创业过程——基于海尔集团组织平台化转型的案例研究［J］．管理学季刊，2016（04）：38-71，136.

[177] 雷军．不应对创业期公司过度管理［J］．经理人，2019，305（12）：7-9.

[178] 李成龙，刘智跃．产学研耦合互动对创新绩效影响的实证研究［J］．科研管理，2013（03）：23－30.

[179] 李成龙，秦泽峰．产学研合作组织耦合互动对创新绩效影响的研究［J］．科学管理研究，2011，29（02）：100－103.

[180] 李海舰，陈小勇．企业无边界发展研究——基于案例的视角［J］．中国工业经济，2011（06）：89－98.

[181] 李雷，赵先德，简兆权．网络环境下平台企业的运营策略研究［J］．管理科学学报，2016，19（03）：19－37.

[182] 李雷，朱钱晨．网络环境下新创平台企业制度创业与合法性获取——小米公司案例研究［J］．研究与发展管理，2019，31（05）：25－36.

[183] 李梦楠，贾振全．社会网络理论的发展及研究进展评述［J］．中国管理信息化，2014（03）：133－135.

[184] 李娜娜，张宝建．创业生态系统演化：社会资本的理论诠释与未来展望［J］．科技进步与对策，2021，38（05）：179－182.

[185] 李平，蒲晓敏，田善武．嵌入式创新范式研究［J］．管理评论，2019，31（09）：3－12.

[186] 李乾文．创业绩效四种理论视角及其评述［J］．经济界，2004（06）：93－96.

[187] 李万，常静，王敏杰，等．创新 3.0 与创新生态系统［J］．科学学研究，2014（12）：3－12.

[188] 李新春，梁强，宋丽红．外部关系—内部能力平衡与新创企业成长：基于创业者行为视角的实证研究［J］．中国工业经济，2010（12）：97－107.

[189] 李燕华，宋福烨．企业外部社会资本对企业间知识转移的影响分析［J］．统计与决策，2007（21）：179－182.

[190] 李扬．创业型企业新技术商业化研究［D］．北京：中国社会科学院研究生院，2012.

[191] 李宇，马征远．大企业内部创业"裂生式"与"创生式"战略路径——基于海尔和思科的双案例研究［J］．中国工业经济，2020

(11): 99 – 117.

[192] 李振华，赵寒，吴文清. 在孵企业关系社会资本对创新绩效影响——以资源获取为中介变量 [J]. 科学学与科学技术管理，2017，38 (06): 144 – 156.

[193] 李振华，李赋薇. 孵化网络、集群社会资本与孵化绩效相关性 [J]. 管理评论，2018 (08): 79 – 89.

[194] 李振华，任叶瑶. 双创情境下创客空间社会资本形成与影响机理 [J]. 科学学研究，2018 (08): 1487 – 1494.

[195] 连远强，刘俊伏. 成员异质性、网络耦合性与产业创新网络绩效 [J]. 宏观经济研究，2017 (09): 128 – 136 + 163.

[196] 梁海山，王海军. 网络化下开放式创新平台构建策略——基于模块化视角 [J]. 科技管理研究，2018，38 (21): 18 – 24.

[197] 梁祺，张宏如. 新业态下孵化器社会资本对创新孵化绩效的影响机制研究 [J]. 软科学，2019，33 (11): 33 – 38.

[198] 梁睿瑶，雷军. 雷军：小米再爬坡 [J]. 中国企业家，2019 (10): 1 – 3.

[199] 林筠，韩鑫，张敏. 结合型与桥接型社会资本对双元创新的影响 [J]. 科学学研究，2017 (10): 1557 – 1566.

[200] 林筠，刘伟. 企业社会资本对技术创新能力影响的实证研究 [J]. 科研管理，2011，32 (02): 36 – 44.

[201] 林嵩. 创业生态系统：概念发展与运行机制 [J]. 中央财经大学学报，2011 (04): 58 – 62.

[202] 刘畅. 创新生态系统视角下企业家精神对创新绩效的影响关系研究 [D]. 长春：吉林大学，2019.

[203] 刘刚，王泽宇，程熙镕. “朋友圈”优势，内群体条件与互联网创业——基于整合社会认同与嵌入理论的新视角 [J]. 中国工业经济，2016 (08): 110 – 126.

[204] 刘家明，耿长娟. 从分散监管到协同共治：平台经济规范健康发展的出路 [J]. 商业研究，2020 (08): 37 – 44.

[205] 刘红丽，谢韵，周佳华．在孵企业社会资本、知识获取与创业绩效的关系研究［J］．科技管理研究，2014，34（03）：218－223.

[206] 刘力钢，刘杨，刘硕．企业资源基础理论演进评介与展望［J］．辽宁大学学报（哲学社会科学版），2011，39（02）：108－115.

[207] 刘金涛．知识管理、人才管理和技术创新的耦合模型分析［J］．软科学，2017（09）：97－100.

[208] 刘人怀，张镒．互补性资产对双元创新的影响及平台开放度的调节作用［J］．管理学报，2019，16（07）：949－956.

[209] 刘亚军，陈进．创业者网络能力，商业模式创新与创业绩效关系的实证研究［J］．科技管理研究，2016（18）：224－231.

[210] 刘永俊，张晟义．产业网络成长范式研究：基于创新与互补性资产视角［J］．当代经济管理，2010（04）：32－38.

[211] 刘宗沅，骆温平．平台企业与合作伙伴：从传统合作到生态合作的演变［J］．大连理工大学学报，2021，42（02）：31－41.

[212] 陆健，蒲晓敏，李平．基于扎根理论的平台企业与技术新创企业合作创新过程路径研究［J］．技术与创新管理，2020，41（03）：231－237.

[213] 路江涌．共演战略：小米转型与四个公式［J］．销售与管理，2020（01）：18－25.

[214] 罗珉，杜华勇．平台领导的实质选择权［J］．中国工业经济，2018（02）：84－101.

[215] 罗珉，何长见．组织间关系：界面规则与治理机制［J］．中国工业经济，2006（05）：87－95.

[216] 罗仲伟，李先军，宋翔，等．从“赋权”到“赋能”的企业组织结构演进——基于韩都衣舍案例的研究［J］．中国工业经济，2017（09）：174－192.

[217] 吕鲲．基于生态学视角的产业创新生态系统形成、运行与演化研究［D］．长春：吉林大学，2019.

[218] 吕一博，韩少杰，苏敬勤，等．大学驱动型开放式创新生态系

统的构建研究［J］．管理评论，2017（04）：68－82.

［219］梅景瑶，郑刚，朱凌．数字平台如何赋能互补者创新——基于架构设计视角［J］．科技进步与对策，2021，38（12）：1－8.

［220］潘剑英，王重鸣．商业生态系统理论模型回顾与研究展望［J］．外国经济与管理，2012，34（09）：51－58.

［221］彭本红，鲁倩．平台型企业开放式服务创新的风险成因及作用机制［J］．科学学研究，2018（01）：183－192.

［222］彭本红，武柏宇．平台企业的合同治理、关系治理与开放式服务创新绩效——基于商业生态系统视角［J］．软科学，2016（30）：78－81.

［223］彭伟，符正平．新创企业联盟网络的形成机理：一项实证研究［J］．管理科学，2013，26（06）：35－47.

［224］彭伟，符正平．联盟网络，资源整合与高科技新创企业绩效关系研究［J］．管理科学，2015，28（03）：26－37.

［225］彭新敏，刘电光，肖瑶．互补性资产对核心技术能力的动态作用机制［J］．管理评论，2021，33（02）：120－129.

［226］钱吴永，李晓钟，王育红．物联网产业技术创新平台架构与运行机制研究［J］．科技进步与对策，2014（09）：66－70.

［227］钱玉娟．雷军五十已知非，小米十年待破浪［N］．经济观察报，2020年8月24日，第023版．

［228］青木昌彦等．市场的作用，国家的作用［M］．林家彬等译．北京：中国发展出版社，2002.

［229］施必翔，唐方成，刘锐剑．平台到生态系统成长的势效应［J］．科技进步与对策，2021，38（03）：1－10.

［230］宋立丰，刘莎莎，宋远方．冗余价值共享视角下企业平台化商业模式分析——以海尔、小米和韩都衣舍为例［J］．管理学报，2019（04）：475－484.

［231］宋立丰，宋远方，冯绍雯．平台－社群商业模式构建及其动态演变路径——基于海尔，小米和猪八戒网平台组织的案例研究［J］．经济管理，2020，42（03）：119－134.

[232] 沈文汇，彭华涛．创业企业社会网络演化路径综述［J］．武汉理工大学学报（社会科学版），2010，23（06）：842－846.

[233] 侍文庚，蒋天颖．社会资本、知识管理能力和核心能力关系研究［J］．科研管理，2012，33（04）：62－72.

[234] 石海瑞，孙国强，张宝建．平台生态系统演化的基模构建及政策解析［J］．中国科技论坛，2018（07）：113－123.

[235] 宋姗姗．创业生态系统的共生形成及演化研究［D］．长春：吉林大学，2018.

[236] 宋晓洪，丁莹莹，焦晋鹏．创业生态系统共生关系研究［J］．技术经济与管理研究，2017（01）：27－31.

[237] 苏屹，安晓丽，孙莹，等．区域创新系统耦合度测度模型构建与实证研究［J］．系统工程学报，2018，33（03）：112－125.

[238] 苏云霞，苏陶，孙明贵．互补性资产研究：回顾及展望［J］．当代经济管理，2013，35（08）：1－7.

[239] 苏云霞，孙明贵．基于嵌入性的企业外部互补性资产合作研究［J］．管理案例研究与评论，2017，10（01）：102－111.

[240] 孙聪，魏江．企业层创新生态系统结构与协同机制研究［J］．科学学研究，2019，37（07）：1316－1325.

[241] 孙国强，范建红．网络组织治理绩效影响因素的实证分析［J］．数理统计与管理，2013，31（02）：296－306.

[242] 孙凯．在孵企业社会资本对资源获取和技术创新绩效的影响［J］．中国软科学，2011（08）：165－177.

[243] 孙骞，欧光军．双重网络嵌入与企业创新绩效——基于吸收能力的机制研究［J］．科研管理，2018，39（05）：67－75.

[244] 孙世强，陶秋燕．网络嵌入，组织合法性与创新绩效的关系［J］．科技管理研究，2020，448（06）：178－186.

[245] 孙耀吾，翟翌，顾荃．服务主导逻辑下移动互联网创新网络主体耦合共轭与价值创造研究［J］．中国工业经济，2013（10）：147－159.

[246] 孙中博．创业者网络关系对新创企业绩效的影响机制研究

[D]. 长春：吉林大学，2014.

[247] 谭智佳，魏炜，朱武祥. 商业生态系统的构建与价值创造——小米智能硬件生态链案例分析 [J]. 管理评论，2019，31 (07)：172-185.

[248] 唐方成，申子雯. 社会资本与企业绩效间的权变关系 [J]. 管理评论，2014，26 (12)：170-181.

[249] 唐明凤，李翠文，程郁. 基于创新工厂案例的新型孵化器商业模式研究 [J]. 科研管理，2015，36 (01)：102-109.

[250] 唐丽艳，周建林，王国红，等. 社会资本、在孵企业吸收能力和创新孵化绩效的关系研究 [J]. 科研管理，2014，35 (07)：51-59.

[251] 陶秋燕，孟猛猛. 在孵企业社会资本与创新绩效的关系——孵化器所有权性质的调节作用 [J]. 技术经济，2017 (06)：53-58.

[252] 田洪刚. 平台企业对产业链重塑的影响研究 [D]. 济南：山东大学，2017.

[253] 万建香，汪寿阳. 社会资本与技术创新能否打破"资源诅咒"？——基于面板门槛效应的研究 [J]. 经济研究，2016 (12)：76-89.

[254] 万兴，杨晶. 互联网平台选择、纵向一体化与企业绩效 [J]. 中国工业经济，2017，34 (07)：156-174.

[255] 王发明，朱美娟. 创新生态系统价值共创行为协调机制研究 [J]. 科研管理，2019，40 (05)：71-79.

[256] 王凤彬，王骁鹏，张驰. 超模块平台组织结构与客制化创业支持——基于海尔向平台组织转型的嵌入式案例研究 [J]. 管理世界，2019，35 (02)：121-150，199-200.

[257] 王国红，贾楠，邢蕊. 创新孵化网络与集群协同创新网络的耦合研究 [J]. 科学学与科学技术管理，2013 (08)：75-84.

[258] 王建安，张钢. 组织模块化及其测量：一个基于松散耦合系统的分析框架 [J]. 西安电子科技大学学报（社会科学版），2008，18 (006)：1-10.

[259] 王节祥. 互联网平台企业的边界选择与开放度治理研究：平台二重性视角 [D]. 杭州：浙江大学，2017.

［260］王节祥，蔡宁．平台研究的流派、趋势与理论框架——基于文献计量和内容分析方法的诠释［J］．商业经济与管理，2018（03）：20－35.

［261］王节祥，蔡宁，盛亚．龙头企业跨界创业，双平台架构与产业集群生态升级——基于江苏宜兴“环境医院”模式的案例研究［J］．中国工业经济，2018（002）：157－175.

［262］王节祥，陈威如．平台演化与生态参与者战略［J］．清华管理评论，2019，77（12）：77－86.

［263］王节祥，陈威如，江诗松，等．平台生态系统中的参与者战略：互补与依赖关系的解耦［J］．管理世界，2021（2）：126－148.

［264］王节祥，高金莎，盛亚，陈弘泽．知识付费平台跨边网络效应衰减机制与治理［J］．中国工业经济，2020（06）：137－154.

［265］王节祥，盛亚，蔡宁．合作创新中资产专用性与机会主义行为的关系［J］．科学学研究，2015（08）：133－142.

［266］王玲．创业生态系统下网络特性对新企业绩效的影响研究［D］．长春：吉林大学，2019.

［267］王庆金，王强，周键．社会资本、创业拼凑与新创企业绩效［J］．科技进步与对策，2020，37（20）：49－57.

［268］王瑞．在孵企业社会资本对企业创新绩效影响研究［D］．长春：吉林大学，2017.

［269］王立生．社会资本、吸收能力对知识获取和创新绩效的影响研究［D］．杭州：浙江大学，2007.

［270］王淑敏，王涛．积累社会资本何时能提升企业自主创新能力——一项追踪研究［J］．南开管理评论，2017，20（05）：131－143.

［271］王晓东，苏启林．以网络强度为调节变量的科技中介互补性资产与技术转移绩效的关系研究［J］．预测，2014，33（02）：26－32.

［272］王晓文，张玉利，李凯．创业资源整合的战略选择和实现手段——基于租金创造机制视角［J］．经济管理，2009，31（01）：61－66.

［273］汪旭晖，张其林．平台型电商企业的温室管理模式研究——基于阿里巴巴集团旗下平台型网络市场的案例［J］．中国工业经济，2016

(11): 108 - 125.

[274] 王新华，车珍，于灏，等. 网络嵌入、多途径知识集聚与创新力——知识流耦合的调节作用 [J]. 南开管理评论，2019，22 (03): 28 - 39.

[275] 汪旭晖，张其林. 平台型电商声誉的构建：平台企业和平台卖家价值共创视角 [J]. 中国工业经济，2017 (11): 174 - 192.

[276] 王亚娟，张钰，刘益. 企业间技术耦合和关系耦合——知识获取效率对供应商创新的中介作用研究 [J]. 科学学研究，2014，32 (01): 103 - 113.

[277] 魏江，黄学，刘洋. 基于组织模块化与技术模块化“同构/异构”协同的跨边界研发网络架构 [J]. 中国工业经济，2014 (04): 148 - 160.

[278] 魏奇锋，顾新，张宁静. 知识网络形成的耦合分析 [J]. 情报理论与实践，2013，36 (12): 39 - 43.

[279] 卫武，倪慧. 众创空间生态系统网络的强弱关系分析 [J]. 科学管理研究，2020 (02): 24 - 28.

[280] 韦影. 企业社会资本的测量研究 [J]. 科学学研究，2007，25 (03): 518 - 522.

[281] 温忠麟，张雷，侯杰泰. 有中介的调节变量和有调节的中介变量 [J]. 心理学报，2006，38 (03): 448 - 452.

[282] 吴东，杨洋，朱培忠. 互补资产专用性、关系治理与商业模式设计 [J]. 科研管理，2019，40 (03): 104 - 113.

[283] 吴明隆. 结构方程模型：AMOS 的操作与应用 [M]. 重庆：重庆大学出版社，2010.

[284] 巫强，刘志彪. 双边交易平台下构建国家价值链的条件、瓶颈与突破——基于山寨手机与传统手机产业链与价值链的比较分析 [J]. 中国工业经济，2010 (03): 76 - 85.

[285] 武鑫，冯华. 科技企业孵化器生态系统的构建与发展 [J]. 科技管理研究，2021 (07): 94 - 100.

［286］吴文清，张海红，赵黎明．孵化器内创业企业知识网络涌现研究［J］．科学学与科学技术管理，2014，35（12）：109－118.

［287］吴晓波，朱培忠，姚明明．资产互补性对商业模式创新的影响研究［J］．西安电子科技大学学报（社会科学版），2016，26（02）：22－29.

［288］项国鹏，钭帅令．核心企业主导型众创空间的构成，机制与策略——以腾讯众创空间为例［J］．科技管理研究，2019，39（17）：1－6.

［289］项国鹏，周洪仕，罗兴武．核心企业主导型创业生态系统构成与运行机制：以杭州云栖小镇为例［J］．科技进步与对策，2019，36（22）：10－19.

［290］项国鹏，曾传圣．国外创业生态系统研究最新进展及未来展望［J］．科技进步与对策，2020，37（14）：151－160.

［291］肖红军．责任型平台领导：平台价值共毁的结构性治理［J］．中国工业经济，2020（07）：174－192.

［292］肖红军，阳镇，姜倍宁．平台型企业发展："十三五"回顾与"十四五"展望［J］．中共中央党校（国家行政学院）学报，2020，24（06）：113－124.

［293］小米生态链谷仓学院．小米生态链战地笔记［M］．北京：中信出版集团，2017.

［294］谢峰．企业创新能力与内外社会资本的协同关系［J］．科协论坛（下半月），2013（07）：140－142.

［295］谢洪明．社会资本对组织创新的影响：中国珠三角地区企业的实证研究及其启示［J］．科学学研究，2006，24（01）：150－158.

［296］解学梅，王宏伟．开放式创新生态系统价值共创模式与机制研究［J］．科学学研究，2020，38（05）：147－159.

［297］谢雅萍，黄美娇．社会网络、创业学习与创业能力——基于小微企业创业者的实证研究［J］．科学学研究，2014，32（03）：400－409，453.

［298］徐蕾，魏江，石俊娜．双重社会资本、组织学习与突破式创新关系研究［J］．科研管理，2013，34（05）：39－47.

[299] 许庆瑞，李杨，吴画斌．全面创新如何驱动组织平台化转型——基于海尔集团三大平台的案例分析 [J]. 浙江大学学报（人文社会科学版），2019，49（06）：78－91.

[300] 薛珂．平台生态系统的策略选择与平台表现：小米与海尔案例 [D]. 杭州：浙江工业大学，2019.

[301] 薛红志，张玉利．突破性创新、互补性资产与企业间合作的整合研究 [J]. 中国工业经济，2006（08）：101－108.

[302] 薛红志，张玉利．互补性资产与既有企业突破性创新关系的研究 [J]. 科学学研究，2007，25（01）：178－183.

[303] 熊捷，孙道银．企业社会资本、技术知识获取与产品创新绩效关系研究 [J]. 管理评论，2017，2（05）：23－39.

[304] 杨浩，陈暄，汪寒．创业型企业高管团队教育背景与企业绩效关系研究 [J]. 科研管理，2015，S1：216－223.

[305] 杨虎涛．演化经济学讲义——方法论与思想史 [M]. 北京：科学出版社，2011.

[306] 杨隽萍，唐鲁滨，于晓宇．创业网络、创业学习与新创企业成长 [J]. 管理评论，2013，25（01）：24－33.

[307] 杨俊，张玉利．社会资本，创业机会与创业初期绩效理论模型的构建与相关研究命题的提出 [J]. 外国经济与管理，2008，30（10）：17－24，31.

[308] 杨敏，王静娴．创业创新空间系统的知识流耦合效应研究．华东经济管理，2018，32（03）：128－133.

[309] 杨屹，魏泽盛．我国双创能力的时空差异及其耦合效应分析 [J]. 数量经济技术经济研究，2018，35（05）：3－22.

[310] 姚艳虹，张翠平．知识域耦合、知识创新能力与企业创新绩效——环境不确定性和战略柔性的调节作用 [J]. 科技进步与对策，2019，36（23）：76－84.

[311] 叶峥，郑健壮．集群企业网络特征与创业行为：基于创业能力的实证研究 [J]. 科研管理，2014，35（01）：58－65.

［312］叶竹馨，买忆媛，王乐英．创业企业即兴行为研究现状探析与未来展望［J］．外国经济与管理，2018，40（04）：16－29.

［313］应瑛，刘洋，魏江．开放式创新网络中的价值独占机制：打开“开放性”和“与狼共舞”悖论［J］．管理世界，2018，34（02）：144－160.

［314］于飞，胡泽民，董亮，等．知识耦合对企业突破式创新的影响机制研究［J］．科学学研究，2018，36（12）：182－194.

［315］余红剑．新创企业外部网络关系品质、内部能力与成长绩效研究［D］．杭州：浙江大学，2007.

［316］余绍忠．创业绩效研究述评［J］．外国经济与管理，2013，35（02）：34－43.

［317］余绍忠．创业资源对创业绩效的影响机制研究——基于环境动态性的调节作用［J］．科学学与科学技术管理，2013（06）：133－141.

［318］于晓宇，蔡莉．失败学习行为、战略决策与创业企业创新绩效［J］．管理科学学报，2013，16（12）：37－56.

［319］岳云嵩，李兵．电子商务平台应用与中国制造业企业出口绩效——基于“阿里巴巴”大数据的经验研究［J］．中国工业经济，2018，（08）：97－115.

［320］张宝建．“双创”背景下企业孵化生态体系构建［J］．中国科技论坛，2019，275（03）：12－14.

［321］张宝建，段思垚，贾梦宇，等．中国创业孵化失败的构型分析——基于 fsQCA 的实证检验［J］．中国科技论坛，2020，1（02）：62－71.

［322］张丹，杨晨星，赵子骏．信息时代下平台特征、构建策略及治理问题研究［J］．中国电子科学研究院学报，2020，15（12）：1232－1236.

［323］张方华．社会资本理论研究综述．江苏科技大学学报（社会科学版）［J］．2005，5（04）：7－14.

［324］张涵．创业孵化生态系统的网络演化及合作绩效研究［D］．天津：天津大学，2014.

［325］张利飞．创新生态系统技术种群非对称耦合机制研究［J］．科

学学研究，2015（07）：1100－1108.

[326] 张佳．创新生态系统对企业创新战略的影响研究[J]．中国物价，2017（04）：68－69＋85.

[327] 张小宁．平台战略研究评述及展望[J]．经济管理，2014（3）：190－199.

[328] 张秀娥，徐雪娇．创业生态系统研究前沿探析与未来展望[J]．当代经济管理，2017，39（12）：1－7.

[329] 张忠耀．基于美创平台的全球开放式创新体系[J]．清华管理评论，2019，70（04）：102－108.

[330] 张忠耀．美的创新平台与项目孵化[J]．企业管理，2019，450（02）：58－60.

[331] 张影．跨界创新联盟资源整合机制研究[D]．哈尔滨：哈尔滨理工大学．2019.

[332] 张玉利，郝喜玲，杨俊，等．创业过程中高成本事件失败学习的内在机制研究[J]．管理学报，2015（07）：1021－1027.

[333] 张镒，刘人怀．商业生态系统中互联网平台企业领导特征——基于扎根理论的探索性研究[J]．当代经济管理，2021，43（06）：51－57.

[334] 张镒，刘人怀，陈海权．平台领导演化过程及机理——基于开放式创新生态系统视角[J]．中国科技论坛，2019，277（05）：152－162.

[335] 张镒，刘人怀，陈海权．互补性视角下互联网平台企业创新机制研究[J]．中国科技论坛，2020（07）：132－140.

[336] 赵黎明，刘猛，郝琳娜．基于众包模式的虚拟科技孵化器创新研究[J]．中国科技论坛，2014（08）：30－35.

[337] 赵延东，罗家德．如何测量社会资本：一个经验研究综述[J]．国外社会科学，2005（02）：18－24.

[338] 郑方，彭正银，杜丹阳．新企业社会资本跨层次契合的研究述评与展望[J]．外国经济与管理，2017（08）：71－84.

[339] 郑刚，胡珊．小米谷仓学院的反向孵化之道——如何系统性提升创业成功率？[J]．清华管理评论，2019，73（Z2）：147－153.

[340] 钟琦，杨雪帆，吴志樵．平台生态系统价值共创的研究述评[J]．系统工程理论与实践，2021，41（02）：421－430.

[341] 钟无涯，魏建漳，曹宇昕．异质性创新平台主体及运营模式比较[J]．科学管理研究，2014，32（05）：1－4.

[342] 周劲波，黄胜．关系网络视角下的国际创业研究述评[J]．外国经济与管理，2013（02）：22－33.

[343] 周俊．问卷数据分析（第2版）[M]．北京：电子工业出版社，2020.

[344] 周文辉，李兵，周依芳，等．创业平台赋能对创业绩效的影响：基于“海尔＋雷神”的案例研究[J]．管理评论，2018，30（12）：276－284.

[345] 周文辉，陈凌子，邓伟，等．创业平台、创业者与消费者价值共创过程模型：以小米为例[J]．管理评论，2019，31（04）：285－296.

[346] 周小虎，陈传明．企业社会资本与持续竞争优势[J]．中国工业经济，2004（5）：90－96.

[347] 周志家．中国高科技企业创业网络的发展状况——以厦门市高新区为例进行的调查[J]．科学学与科学技术管理，2004，25（05）：132－137.

[348] 祝振铎，李非．创业拼凑、关系信任与新企业绩效实证研究[J]．科研管理，2017（07）：108－116.

[349] 朱国军，张画涵，孙军．智能制造企业品牌国际化的成长演化机理[J]．管理现代化，2020（06）：85－93.

[350] 朱勤，孙元，周立勇．平台赋能，价值共创与企业绩效的关系研究[J]．科学学研究，2019，37（247）：108－115＋125.

[351] 朱仁宏，周琦，张书军．创业团队关系治理与新创企业绩效倒U型关系及敌对环境的调节作用[J]．南开管理评论，2020，134（05）：204－214.

附　录

平台企业主导型创业生态系统下主体间耦合与创业企业绩效的调查问卷

尊敬的公司领导：

您好！我们是××××大学技术创新评估研究中心调研组，衷心感谢您在百忙之中参与此项调查，贵公司宝贵的实践经验对本研究非常重要，恳请拨冗填答！请您根据贵公司实际情况及您的理解和感觉做大致判断即可，无须考虑太久。我们承诺：您所提供的任何信息我们都将严格保密，问卷所得的全部资料仅供学术研究之用，绝不对外公布，敬请安心作答。由于问卷讲求完整性，一题遗漏将会全部作废，还烦请仔细回答全部问项。

谢谢您的热情参与和支持，祝您事业顺利，家庭幸福！

调查背景简介

在互联网与数字经济时代，海尔、小米科技等领先企业开始转型为创业孵化的平台型企业，它们以自身的产业发展经验和资源累积为基础，通过数字技术搭建网络平台，将终端用户、创业资源提供方，以及具有互补优势的创业企业等多边连接起来，以共同应对激烈的市场竞争。通过与平台企业合作，创业企业能够获得平台企业的用户、品牌、渠道、供应商等资源，有助于快速实现产品创新与市场化。本次调查旨在了解平台企业对创业企业“赋能”的过程，若贵公司了解相关情况或有类似经历符合，请根据实际情况对问卷内容进行填答。

第一部分：企业基本情况

（1）企业名称：________________

（2）企业成立时间：________________

（3）企业当前员工数量：□10 人及以下；□11—20 人；□21—50 人；□51—100 人；□100 人以上

（4）企业主营业务是否属于高科技行业：□是；　□否

（5）您的性别：□男；　□女

（6）您的受教育程度：□大专及以下；□本科；□硕士；□博士

（7）您的职务：□创始人；□高层管理人员；□中层管理人员；□一般管理人员；□其他

第二部分：问卷主要内容

填写说明：请在每个题目后面最能代表您的意见的选项数字上画“√”（题项中 1—5 分值表示程度依次递增）。

1. 请根据您的真实感受，对贵公司与平台企业之间相互依赖、相互影响的情况做出判断：

题项	完全不同意	不同意	不确定	同意	完全同意
CVC1 - 1 贵公司与平台企业有着共同的目标愿景	1	2	3	4	5
CVC2 - 1 贵公司对平台企业的价值观念有较高的认可度	1	2	3	4	5
CVC3 - 1 贵公司与平台企业之间遵循相似的行为规范	1	2	3	4	5

续表

题项	完全不同意	不同意	不确定	同意	完全同意
CAC1 - 1 贵公司与平台企业的知识技术互补和兼容	1	2	3	4	5
CAC2 - 1 平台企业拥有贵公司创业成功所需的（供应商、销售渠道、服务体系等）资源	1	2	3	4	5
CAC3 - 1 贵公司与平台企业在品牌及声誉与用户及流量资源方面存在相互依赖、相互影响的关系	1	2	3	4	5
PSC1 - 1 贵公司与平台企业之间的仪器设备等硬件能很好地匹配	1	2	3	4	5
PSC2 - 1 贵公司与平台企业之间的网络平台与信息技术等软件能彼此兼容	1	2	3	4	5
PSC3 - 1 贵公司与平台企业在工作规则和程序方面能较好地衔接	1	2	3	4	5

2. 请根据您的真实感受，对贵公司与平台内其他创业企业之间相互依赖、相互影响的情况做出判断：

题项	完全不同意	不同意	不确定	同意	完全同意
CVC1 - 2 贵公司与平台内其他创业企业有共同的目标愿景	1	2	3	4	5
CVC2 - 2 贵公司与平台内其他创业企业有相似的价值观念	1	2	3	4	5
CVC3 - 3 贵公司与平台内其他创业企业遵循相似的行为规范	1	2	3	4	5
CAC1 - 2 贵公司与平台内其他创业企业之间的知识技术互补和兼容	1	2	3	4	5

续表

题项	完全不同意	不同意	不确定	同意	完全同意
CAC2-2 平台内其他创业企业拥有贵公司创业成功所需的（供应商、销售渠道、服务体系等）资源	1	2	3	4	5
CAC3-2 贵公司与平台内其他创业企业在品牌及声誉与用户及流量资源方面存在相互依赖、相互影响的关系	1	2	3	4	5
PSC1-2 贵公司与平台内其他创业企业之间的仪器设备等硬件能很好地匹配	1	2	3	4	5
PSC2-2 贵公司与平台内其他创业企业之间的网络平台与信息技术等软件能彼此兼容	1	2	3	4	5
PSC3-2 贵公司与平台内其他创业企业在工作规则和程序方面能较好地衔接	1	2	3	4	5

3. 请根据您的真实感受，对贵公司与各类主体间建立业务往来与交流互动的情况做出判断：

题项	完全不同意	不同意	不确定	同意	完全同意
SSC1 相比同行业其他企业，与贵公司有联系的供应商数量较多	1	2	3	4	5
SSC2 相比同行业其他企业，与贵公司有联系的目标客户数量较多	1	2	3	4	5
SSC3 相比同行业其他企业，与贵公司有联系的创业企业、其他创业服务主体（政府、中介机构、高校及科研院所、金融机构等）等外部组织的数量较多	1	2	3	4	5
SSC4 贵公司与平台企业联系频繁且紧密	1	2	3	4	5

续表

题项	完全不同意	不同意	不确定	同意	完全同意
SSC5 贵公司与平台内其他创业企业联系频繁且紧密	1	2	3	4	5
SSC6 通过平台，贵公司与目标客户建立了频繁且紧密的联系	1	2	3	4	5
SSC7 通过平台，贵公司与供应商建立了频繁且紧密的联系	1	2	3	4	5
SSC8 通过平台，贵公司与创业服务主体（政府、中介机构、高校及科研院所、金融机构等）建立了频繁且紧密的联系	1	2	3	4	5
RSC1 贵公司在与合作伙伴的合作过程中，双方不存在损人利己的倾向	1	2	3	4	5
RSC2 贵公司在外界拥有良好的信誉	1	2	3	4	5
RSC3 贵公司遇到困难时，合作伙伴会主动提供帮助	1	2	3	4	5
RSC4 贵公司与外部组织联系过程中，能够真诚合作	1	2	3	4	5

4. 请根据您的真实感受，对贵公司在盈利、成长、创新方面的绩效表现做出判断：

题项	完全不同意	不同意	不确定	同意	完全同意
EP1 与行业平均水平相比，贵公司具有较高的市场占有率	1	2	3	4	5
EP2 与行业平均水平相比，贵公司具有较高的净收益率	1	2	3	4	5
EP3 与行业平均水平相比，贵公司具有较高的投资收益率	1	2	3	4	5

续表

题项	完全不同意	不同意	不确定	同意	完全同意
EP4 与行业平均水平相比，贵公司的销售额增长速度较快	1	2	3	4	5
EP5 与行业平均水平相比，贵公司的净收益增长速度较快	1	2	3	4	5
EP6 与行业平均水平相比，贵公司的市场份额增长速度较快	1	2	3	4	5
EP7 与行业平均水平相比，贵公司的资金周转速度较快	1	2	3	4	5
EP8 与行业平均水平相比，贵公司申请的专利数量较多	1	2	3	4	5
EP9 与行业平均水平相比，贵公司新产品开发数量较多	1	2	3	4	5
EP10 与行业平均水平相比，贵公司新产品开发速度较快	1	2	3	4	5
EP11 与行业平均水平相比，贵公司新产品产值占总销售收入比重较高	1	2	3	4	5

5. 请根据您的真实感受，对贵公司所在平台采取的治理措施情况做出判断：

题项	完全不同意	不同意	不确定	同意	完全同意
FG1 贵公司所在平台制定了企业进入与退出平台的相关准则	1	2	3	4	5
FG2 贵公司所在平台对如何支持创业企业的活动进行了规划	1	2	3	4	5
FG3 贵公司所在平台制定了平台内企业间商务合作中平台的应用方案	1	2	3	4	5

续表

题项	完全不同意	不同意	不确定	同意	完全同意
FG4 贵公司所在平台与伙伴达成协议，共同应对市场竞争的不确定性	1	2	3	4	5

问卷到此结束，请您确认没有漏答题项，再次感谢您对本次调查的支持！

祝您工作顺利！生活愉快！